당신의 인생을 바꾸는 21가지 방법

당신의 인생을 바꾸는 21가지 방법

초판 인쇄 ❙ 2018년 4월 2일
초판 발행 ❙ 2018년 4월 9일

지은이 ❙ 브라이언 트레이시
옮긴이 ❙ 이승희
펴낸곳 ❙ 유니크 커뮤니케이션
펴낸이 ❙ 김성민
북디자인 ❙ 김민정
영업 마케팅 ❙ 김명자, 이호연

출판등록 ❙ 2013년 7월 26일 (제2014-21호)
주소 ❙ 대전광역시 서구 대덕대로 249번길 30(둔산동, 베스트피엘씨빌딩)
전화 ❙ 070-7426-4000
팩스 ❙ 042-622-1140
전자우편 ❙ ucs114@naver.com

ISBN ❙ 79-11-954450-7-3(93320)

GET PAID MORE AND PROMOTED FASTER: 21 Great Ways to Get Ahead in Your Career
by Brian Tracy
Copyright © 2001 by Brian Tracy
Korean translation copyright © 2018 by UCS
All rights reserved.
This Korean edition published by arrangement with Brian Tracy International through Shinwon Agency Co., Seoul.

이 책의 한국어판 저작권은 신원에이전시를 통해 저작권자와 독점 계약한 UCS에 있습니다.
저작권법에 의해 한국 내에서 보호를 받는 저작물이므로 무단 전재 및 무단 복제를 금합니다.

커리어를 성공적으로 쌓을 수 있는 다양한 아이디어

당신의 인생을 바꾸는 21가지 방법

브라이언 트레이시 지음   이승희 옮김

세계적인 성공학의 대가,
브라이언 트레이시가 안내하는 **빠른 성공의 길**!

유니크 커뮤니케이션

머리말		06
서 론	당신의 커리어와 미래는 당신에게 달려 있다	10

01	당신이 원하는 것을 명확히 결정하라	· 14
02	성장하는 회사를 골라라	· 19
03	최고의 상사를 선택하라	· 22
04	긍정적인 태도를 개발하라	· 26
05	성공 이미지를 만들어내라	· 29
06	더 일찍 출근하고, 더 열심히 일하고, 더 늦게까지 남아 있어라	· 34
07	자원하여 일을 맡아라	· 38
08	원하는 것을 요구하라	· 41
09	진실성을 신성하게 지켜라	· 45
10	미래를 생각하라	· 49

Contents

11	목표에 주력하라	· 53
12	성과에 집중하라	· 58
13	문제 해결자가 되어라	· 62
14	타고난 창조성을 끌어내라	· 66
15	매사에 사람을 가장 중요하게 여겨라	· 69
16	자신에게 끊임없이 투자하라	· 72
17	최고가 되어라	· 76
18	고객에게 집중하라	· 79
19	수익을 내는 데 주력하라	· 83
20	긍정적인 개인 역량을 개발하라	· 86
21	일을 빠르게 처리하라	· 89

결 론	목표를 향한 빠른 길에 진입하라	93
저자소개		98

머리말

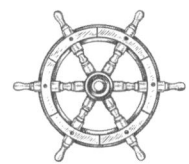

이 책은 「자신의 커리어career를 관리하고자 하는 사람을 위한 안내서」이다. 만약 당신이 '나는 지금 받고 있는 연봉보다 훨씬 더 많이 받을 자격이 있어.' 라고 느낀다면 아마 당신의 느낌이 맞을 것이다. 그런 당신에게 이 책은 더 높은 연봉을 받을 수 있는 방법을 알려줄 것이다. 여기서 이야기하는 '21가지 방법'은 빠르게 승진하기 위해 지금 당장 실천할 수 있는 실질적이고 입증된 기법들이며, 모든 종류의 회사나 직종에 적용할 수 있다.

이 21가지 방법은 내가 허드렛일에서부터 임원직에 이르기까지, 30년 넘게 온갖 종류의 일을 하면서 쌓아온 경험들에서 증류하고 농축한 전략들이다. 나는 접시 닦이로서 직업 세계에 뛰어들었고, 그 다음에는 백화점 창고에서 일했다. 그 후 각국의 다양한 20여 개의 직종을 거쳐 힘들게 일하면서 이 원칙들을 터득했다.

커리어를 쌓아오면서 나는 끊임없이 주위를 둘러보며 스스로에게 물었다.

"왜 저 사람은 다른 사람들보다 더 빨리 성공하는 걸까?"

"왜 저 사람은 급여를 더 많이 받고 더 빨리 승진하는데, 다른 사람들은 그러지 못하는 걸까?"

나는 노동일로 시작해서 영업사원과 관리자를 거쳐 나중에는 2억 6,500만 달러의 가치가 있는 회사의 최고 운영책임자 자리까지 올랐다. 지금은 세계 유수한 기업들의 경영진에게 「커리어 개발과 개인적 성공」이라는 주제로 컨설팅을 하고 있다. 다양한 직업을 거치면서 일반 사원에서 사장에 이르는 수많은 사람들을 채용하고, 교육하고, 자문하고, 평가하고, 승진시키고, 그리고 해고시켰다. 더 빠른 성공을 원하는, 야심만만한 사람들을 위한 세미나를 기획하고 진행해 왔다. 한편으로는 고급 개인 코칭 프로그램을 통해 성공한 경영자와 기업인들이 올바른 일을 제대로 된 방법으로 수행할 수 있도록 자신을 전략화하고 재정비하는 일을 돕고 있다. 그렇게 함으로써 그들은 훨씬 빠르게 소득을 높일 수 있었다.

이 전략들은 당신의 직종이 무엇이든 상관없이 적용시킬 수 있다. 당신의 가치는 지금 당신이 버는 것보다 두 배는 더 높을지도 모른다. 혹은 다섯 배, 열 배 더 높을 수도 있다. 하지만 자신의 가능성을 극대화하기 위한 행동을 실행할 것인가 말 것인가는 당신에게 달려 있다.

모든 책임은 당신이 져야 한다. 당신의 커리어를 만들어가는 사람은 다른 누구도 아닌 당신 자신이다. 당신에게 일어나는 모든 일은 당신이 결정한다. 그 중에서도 가장 중요한 부분은 일에 있어서 당신의 ROE Return On Equity, 즉 '투자 에너지 수익률'을 높이는 것이다. 당신의 목표는 '일을 위한 투자에 대해 가장 높은 수익률을 얻는 것'이어야 한다. 즉, 당신이 투자한 시간의 질과 양에 대해 받을 수 있는 최고로 높은 연봉을 받는 것이 당신의 목표이다.

평범한 사람이 자신이 종사하고 있는 분야에서 큰 성공을 이루기까지는 상당히 많은 시간이 걸린다. 그러나 당신은 그저 평범한 사람이 아니다. 당신은 아마도 어떤 측면에서, 그리고 여러 방면에서 특별한 능력을 가지고 있을 것이다. 당신의 내부에는 분명 아직 드러나지 않은 재능과 충분히 활용하지 못한 능력이 잠재되어 있을 것이다. 당신은 이제 자기만의 특별한 재능이 무엇인지 알아내고, 자신의 잠재력과 경력의 최고 수준에 다다르기 위해 그것들을 활용해야 한다. 이 책에서 주목하는 것은 오직 하나, 「커리어 성공」이다. 균형이나 삶의 질, 인간 관계의 중요성 같은 것이 아니다. 이런 중요한 주제에 대해서는 다른 책들에서 더 잘 다루고 있다.

이 책에서 말하는 '21가지 방법'은 오로지 당신이 선택한 분야에서 할 수 있는 일은 물론, 하고 싶은 일까지도 성취할 수 있도록 돕는 데에 목적을 두고 있다. 이 원칙들은 당신의 커리어와 미래에 대한 책임은 당신에게 있다는 사실을 바탕으로 한다. 당신은 좋은 일이 생기기를 바라고 기다리기만 하는 수동적인 사람이 아니다. 당신은 자기 인생의 창조적인 주체이다. 단순히 환경의 산물이 아니라 환경을 창조해가는 사람이다.

당신이 이 책을 통해 배우게 될 모든 아이디어, 방법, 전략 그리고 기법들은 실제 비즈니스의 현장에서 호된 시련을 통해 검증된 것이다. 수많은 사람들이 매일 자신의 일터에서 효과적인 성과를 거두기 위해 이 원칙들을 적용하고 있다. 이 '21가지 훌륭한 전략'을 일상적으로 활용한다면 수년에 걸친 각고의 노력 끝에 얻을 수 있었던 소득과 성공을 단시간에 얻게 될 것이다.

당신이 한계를 두지 않는 한, 당신이 성취할 수 있는 일에 진정한 한계는 없다.

Brian Tracy
캘리포니아 솔라나 비치에서
2001년 4월

서론

당신의
커리어와 미래는
당신에게 달려 있다

지금은 인류 역사상 가장 찬란한 시대이다. 일찍이 지금처럼 야심 있는 사람들이 커리어와 인생 목표를 달성할 기회와 가능성이 풍부했던 때는 없었다.

당신 자신과 당신을 둘러싼 세계에 대해 책임을 진다는 것은 당신의 주위에 사방으로 열려 있는 기회를 충분히 활용한다는 것을 의미한다. 당신의 재능과 능력을 활용해 많은 경제학자들이 소위 '인류의 황금기'라고 부르는 이 시대에 동참해야 한다. 이 책은 그 방법을 소개할 것이다.

당신은 지금 하는 일에 대해 더 많은 돈을 받을 수 있고, 실용적이고, 입증되었으며, 간단하고 효과적인 방법들을 배우게 될 것이다. 더 많은 권한과 책임을 갖는 높은 직급으로 더 빨리 승진하는 방법도 알게 될 것이다. 커리어를 극대화시키고 직장에서 고속 승진의 가도에 올라탈 수 있는 전략들을 배울 것이다.

여기서 이야기하는 방법과 기법들은 우리 사회에서 높은 연봉을 받는 성공한 사람들이 활용하고 있는 것이다. 이 방법들을 실천하는 순간, 당신은 커리어의 세계에서 액셀러레이터에 발을 올리고 앞으로 질주해 나가기 시작할 것이다. 평범한 사람이 10년 혹은 20년 동안 느릿느릿 걸으며 이루는 것보다 당신이 2~3년 내에 성취하는 것이 훨씬 더 많을 것이다.

이제 평생고용의 시대는 평생 고용 가능성을 키워야 하는 시대로 바뀌었다. 바꿔 말하면 지금부터는 일이나 개인 삶의 모든 부분에 대한 책임이 전적으로 자기 자신에게 달려있다는 뜻이다. 당신이 저지를 수 있는 가장 큰 실수는 자기 자신이 아닌 다른 사람을 위해 일한다고 생각하는 것이다. 급여를 지급하는 사람이 누구든, 당신의 상사는 항상 당신 자신이다. 당신을 고용한 사람은 언제나 당신 자신이다. 결국 당신이 연봉을 얼마나 받을 것인지, 얼마나 빨리 승진할 것인지는 물론이고, 당신에게 일어나는 모든 일을 결정하는 사람은 당신 자신이다. 책임은 당신에게 있다.

연봉과 승진에 있어서 상위 3%에 드는 미국인들은 어디에서 일하건 혹은 누구를 위하여 일하건, 자신을 고용한 사람은 자기 자신이라고 생각한다. 결과에 대해 전적으로 책임을 지는 이러한 '자기 고용의 태도'는 회사에서는 물론 자기 자신에게도 스스로의 가치를 높인다. 그 결과 그들에게는 더 많은 기회가 제공된다. 그들은 더 높은 연봉을 받고 더 빨리 승진한다.

지금부터 자기 자신을 직원이 한 명^{바로 당신}인 회사의 사장으로 생각하라. 경쟁시장에 하나의 제품^{당신의 개인적 서비스}을 팔아야 하는 책임이 당신 자신에게 있다고 생각하라. 당신 자신을 매일 매시간 받는 급여가 왜 그만큼이어야 하는지 단호하게 설명해주는 '당신 회사에 고용된 컨설턴트'로 생각하라.

그런 후에 높은 연봉과 더 빠른 승진을 위한 21가지 위대한 전략을 실행하기 시작하라. 이 방법은 많은 고속 승진한 사람들이 자신의 커리어에서 더 빨리 앞으로 나아가기 위해 활용하는 것이다.

뒤돌아보지 말고 전진하라.

*Get Paid
More
and Promoted
Faster*

1

당신이 원하는 것을
명확히 결정하라

세상은 자기의 목적지가 어디인지 말과 행동으로 보여주는 사람에게는
자리를 양보하는 습관이 있다.

— 나폴레온 힐 [Napoleon Hill]

개인의 성공과 성취를 향한 '위대한 첫걸음'은 바로 '자신의 커리어에서 진정으로 원하는 것이 무엇인지를 결정하는 것'이다. 시간을 들여 자신의 재능과 능력을 찬찬히 분석해 보라. 자신을 깊이 들여다보고 진정으로 즐기는 일이 무엇인지 알아내라. 당신이 가장 흥미로워 하는 일이 무엇인지, 지금 당신의 관심을 끄는 가장 큰 일이 무엇인지 찾아보라. 과거에 했던 일들을 돌아보라. 당신에게 가장 만족스러웠던 경험은 무엇이었는가? 가장 즐거웠던 순간은 언제였는가?

당신은 자연이 낳은 위대한 기적이며, 수백만 년에 걸친 진화의 결과

물이다. 당신과 똑같은 사람은 과거에도 없었고 앞으로도 없을 것이다. 당신의 유전자 코드에는 놀라운 잠재능력이 프로그램화되어 있고, 그 능력을 개발하기만 하면 당신은 특정한 일을 비상하게 잘할 수 있다.

당신은 태어날 때부터 성공할 수 있게 설계되어 있다. 당신의 내부에는 아직 열어보지 못한 재능과 기술의 창고가 있다. 당신에게는 마음만 먹으면 사실상 무엇이든 될 수 있고, 할 수 있고, 가질 수 있는 능력이 있다. 그러나 먼저 당신이 진정으로 원하는 것이 무엇인지 정확하게 결정해야 한다. 그리고 당신이 할 수 있는 그것을 이루기 위해 전심을 다해 노력해야 한다.

자신이 진정으로 원하는 것을 결정하려면 자신의 커리어 속에서 '이상화理想化 과정'을 연습해 보면 된다. 5년 후의 당신이 '이상적'인 사람들과 '이상적'인 급여를 받으며 '이상적'인 조건 아래에서 '이상적'인 일을 하고 있다고 상상해 보라. 어떤 모습인가? 당신의 '이상'을 명확하게 규정하고, 그것을 현실로 만들기 위해 당장 오늘부터 무엇을 해야 하는지를 결정하라.

당신이 어떤 직업이라도 가질 수 있다고 잠시 동안 상상해 보라. 모든 직업과 직위가 당신에게 열려 있다고 상상하라. 매시간, 매일, 진정으로 즐길 수 있는 일이 있다고 상상하라.

모든 성공 비밀 중 가장 강력한 것은 당신이 정말로 즐길 수 있는 일을 결정한 뒤, 바로 그 일을 해서 돈을 넉넉히 버는 방법을 찾는 것이다. 그러나 이것은 당신이 해야 하는 일이다. 누구도 그 일을 대신

해줄 수 없다. 책임은 당신에게 있다.

자신이 즐기는 일을 할 때, 흥미롭고 도전 의욕을 불러일으키며, 자신을 자극하고 동기를 부여하는 일을 할 때, 틀림없이 더 많은 돈을 벌고 승진도 빨리 하게 될 것이다. 진심으로 즐기는 일이 아니라면 모든 직업이나 사회생활에 뒤따르게 마련인 난관과 장애를 극복하고 끝까지 해나가기 위해 반드시 필요한 전념이나 열정, 헌신을 키워나갈 수 없다.

당신의 생각을 명확히 결정하고자 할 때 직장에서 그리고 개인 생활 속에서 일상적으로 '제로 베이스 zero-base' 사고를 하라. 이 분석 방법은 제로 베이스 회계에서 가져온 핵심 사고기술이며, 당신이 익히고 실행할 수 있는 가장 강력한 사고 기법들 중 하나이다. 방법은 간단하다. 제로 베이스 회계에서는 모든 경비經費에 대해 묻는다.

"만약 우리가 지금 이 일에 아직 비용을 지불하지 않은 상태라면 지금 우리가 알고 있는 것을 안다는 전제 하에 오늘 다시 그 일에 비용을 지불하겠는가?"

제로 베이스 사고思考도 비슷하다. 이전에 당신이 내렸던 모든 결정에 대해 스스로 이렇게 질문하는 것이다.

"오늘 내가 하고 있는 일들 중에 그 일을 다시 반복한다면 지금 내가 알고 있는 것을 안다는 전제 하에 다시 하고 싶지 않은 일이 있는가?"

이것은 당신이 자문자답할 수 있는 가장 유용한 질문들 중 하나이다. 오늘 당신이 하고 있는 일들 중에 그 일을 다시 반복한다면 지금 당신이 알고 있는 것을 안다는 전제 하에 다시 하고 싶지 않은 일이 있는가?

오늘날과 같이 격동하고 격변하는 시대에, 그리고 앞으로 남은 커리어를 위해 당신의 인생이나 일에 있어서, "그렇다."라고 대답할 수밖에 없는 부분이 있을 것이다.

제로 베이스 사고를 현재 일에 적용해 보라. 지금 알고 있는 것을 안다는 전제 하에, 당신은 지금의 고용 조건에서 이 일을 다시 하겠는가? 지금의 상사를 위해 이 일을 다시 하겠는가? 이 회사를 다시 다니겠는가? 이 업종에 종사하겠는가? 이 급여에? 이 직위에? 예, 아니오, 어느 쪽인가?

만약 답이 '아니오' 쪽이라면 다음 질문을 해보라. 이 상황을 어떻게 바꿀 수 있는가? 얼마나 빨리 바꿀 수 있는가? 책임은 당신에게 있다.

이상적인 커리어를 찾기까지 많은 노력을 투자해야 하고, 많은 잘못된 출발을 할지도 모른다. 그러나 이 모든 것은 당신이 원하지 않는 것이 무엇이고, 진정으로 하고 싶은 일이 무엇인지 결정하고 나서 그 목표를 성취하기 위해 행동에 옮김으로써 시작된다.

＼ 지금 실행하라!

이상적인 일이나 직위를 위한 '꿈의 리스트'를 만들어라.
먼저 당신이 할 수 있는 일에 제한이 없다고 상상하라. 모든 가능성이 당신에게 열려 있다고 상상하라. 당신에게 필요한 모든 교육, 모든 지식, 모든 경험, 모든 인맥, 모든 시간과 돈을 가지고 있다고 상상하라. 당신이 어떤 일이라도 할 수 있는 능력이 있다면 어떤 직업을 선택할 것인가?
즉각 실행에 옮길 수 있는 행동들을 구체적으로 생각하라. 당신이 진정으로 원하는 바로 그 일이나 직위를 목표로 자신을 준비시키기 위해 지금 당장 무엇을 할 수 있는가? 그 대답이 무엇이든, '무엇이라도' 하고 '어떤 것이라도' 하라.
지금 당장 시작하라. 책임은 당신에게 있다.

2

성장하는 회사를 골라라

> 선택은 당신의 것이다. 키는 당신이 잡고 있다. 당신은 당신이 원하는 방향으로 코스를 정할 수 있다. 오늘, 내일, 혹은 먼 훗날 당신이 머물고 싶은 곳으로.
>
> — W. 클레멘트 스톤[William Clement Stone]

끊임없이 변화가 가속화되는 지금 이 시대에, 성장하고 확장해 나가면서 수많은 사람들을 고용하는 산업들이 있다. 이 산업들은 보통 사람들보다 더 빨리 성공하고 싶어 하는 사람들에게 믿기 힘들 정도로 좋은 기회를 제공한다.

반면, 경제적 중요도와 고용의 측면에서 안정화 되었거나 혹은 사실상 쇠퇴하고 있는 산업들도 또한 많이 있다. 이 산업들은 퇴직한 사람들을 대체할 인력을 계속해서 고용하기는 하지만 자동화, 신기술, 변화하는 소비자의 기호, 경쟁 등의 요인들로 인해 앞으로는 큰 성장을 할 것 같지는 않다. 당신이 커리어 성공을 추구하면서 가장 먼저 해야 할 일은 고성장 산업과 저성장 산업을 구분하는 것이다.

높은 연봉과 고속 승진이라는 목표를 이루는 일이 저성장 산업에서 5~10년이 걸린다면 고성장 산업에서는 2~3년 내에 가능하다. 많은 사람들이 단지 길을 건너 고속 성장하는 분야에 있는 다른 회사의 다른 일로 옮김으로써 그들의 삶 전체를 바꾼다.

당신만의 특별한 재능과 능력을 돈과 같은 소중한 자산으로 여겨라. 그리고 고용 시장을 최고의 수익을 올리기 위해 자기 자신을 투자할 투자처로 바라보라. 당신의 정신적, 정서적, 육체적 에너지를 '인적 자본'으로 여기고, 최고의 수익을 올릴 수 있도록 각각의 에너지를 분배하라. 특정 회사나 특정 산업에 당신의 인생과 일을 바치는 문제에 관해서는 완벽하게 이기적인 사람이 되어라.

성장하는 회사에서 자신에게 딱 맞는 일을 찾았을 때는 그 일을 탁월하게 해내는 데 전력을 다해야 한다. 끊임없이 당신의 가치를 높일 수 있는 방법을 찾아라. 이런 전략은 향후 몇 년 내에 높은 연봉과 고속 승진으로 가는 완벽한 위치로 당신을 데려다 놓을 것이다.

지금 실행하라!

오늘 당신 주위의 고용 시장과 커리어 시장을 둘러보라. 신제품과 새로운 공정, 혹은 성장률로 뉴스에서 가장 주목받고 있는 회사와 산업을 찾아보라. 그 중에 당신의 흥미를 자극하고 당신을 매혹시키며, 당신을 끌어당기는 회사와 산업이 있는지 확인해보라.

스스로 조사하라. 신문과 잡지를 훑어보고 도서관을 뒤져라. 인터넷을 검색하라. 최고의 정보를 갖고 있는 사람이 힘을 갖는다. 그 다음에는 당신이 관심을 가지고 있는 회사에서 근무하는 사람들이나 동종업계에서 일하는 사람들과 이야기를 나눠라. 특정 직위에 지원하여 그 업무에서 성공하려면 어떤 기술이나 기능이 필요한지 물어보라. 이런 조사 과정이 당신의 인생 전체를 바꿔놓을 수도 있다.

3

최고의 상사를 선택하라

개인이 가진 가장 위대한 힘은 선택하는 힘이다.

– J. 마틴 코헤[J. Martin Kohe]

좋은 상사上司를 선택하는 것은 다른 무엇보다 당신의 커리어를 돕고 더 높은 연봉과 빠른 승진을 보장해 준다.

취업을 한다는 것은 당신의 상사를 '비즈니스 배우자'로 맞아들이는 '비즈니스 결혼'을 하는 것과 비슷하다. 당신이 얼마의 급여를 받을 것인지, 일을 얼마나 즐기며 할 것인지, 얼마나 빨리 승진할 것인지, 그리고 거기에 하나 더, 당신의 직장 생활의 모든 분야에 걸쳐 막대한 영향을 끼치는 것이 바로 상사이다.

취업을 하고자 할 때 당신은 상사가 될 사람에게 많은 질문을 해야 한다. 그와 함께, 그리고 그를 위해 즐기며 일할 수 있는 그런 사람인가 하는 것을 분명히 파악해야 한다. 당신이 좋아할 수 있고, 존경할 수 있고, 높이 평가할 수 있는 사람인지 확실히 알아야 한다. 친절하며, 지원을 아끼지 않으며, 당신의 커리어에서 가능한 한 빨리 전진할 수 있도록 도와줄 수 있는 사람인지에 대한 확신이 있어야 한다.

업종과 업계에 상관없이 최고의 상사들은 공통적인 특징들을 가지고 있다. 무엇보다도 좋은 상사는 인품이 뛰어난 사람이다. 그들은 약속을 하면 반드시 지킨다. 자신이 하겠다고 말한 일에 대해서는 말한 대로 정확하게 행한다. 급여 재검토나 인상을 약속하면 반드시 계획대로 이행한다.

최고의 상사는 당신에게 지시하는 업무를 명확하게 설명한다. 당신이 해야 할 일에 대해서 언제까지, 어느 정도 기준까지 해야 하는지, 당신이 정확히 이해했는지, 시간을 두고 확인한다. 그들은 당신에게 아이디어와 조언을 구하고, 일을 수행할 수 있는 새롭고 더 나은 방법이 있을 때는 항상 열린 마음으로 받아들인다.

최고의 상사는 사려 깊고, 직원들에게 관심을 기울인다. 다시 말해 당신에 대해 직원으로서뿐만 아니라 한 인간으로서도 관심을 갖는다는 뜻이다. 당신의 개인적인 생활과 가족에 대해서도 관심을 가진다. 당신과 관련된 일들, 당신이 일하면서 생각하고 느끼는 방식에 영향을 미치는 요소들에 대해서도 알고 싶어 한다.

그렇다고 해서 좋은 상사가 당신의 모든 비밀을 들어주는 신부나 수

녀, 혹은 보모라는 뜻은 아니다. 그들은 당신을 직장생활뿐 아니라 개인적 삶도 영위하는 전인적 인격체로 바라본다. 당신과 관련된 문제에 대해 상사에게 솔직하게 터놓고 직접적으로 얘기하는 것이 얼마나 자유로운지를 통해 당신과 상사의 관계가 어느 정도인지를 판단할 수 있다. 회사에서 상사가 당신의 자리를 향해 걸어올 때, 긴장하거나 불안한 느낌이 아니라 자신감 있고 행복한 기분을 느껴야 한다.

무엇보다도 당신이 행복하고 편안한 기분을 느낀다면, 좋은 상사와 함께 자신에게 맞는 일을 하고 있다는 증거이다. 일을 할 때 많이 웃고, 자기 자신을 즐기며, 직원으로서 그리고 한 개인으로서 스스로를 가치 있고, 또한 중요한 사람이라고 느끼게 될 것이다.

훌륭한 상사와 일하는 것은 급여를 높이고 빨리 승진하는 좋은 방법이 된다. 그리고 세상에는 꽤 많은 훌륭한 상사들이 곳곳에서 열심히 일하고 있다.

＼ 지금 실행하라!

지금 당신이 일하고 있는 곳에서 상상할 수 있는 완벽한 상사를 그려보라. 과거에 만났던 최고의 상사, 혹은 최고의 선생님을 떠올려보라. 그리고 두 사람이 가지고 있는 공통적인 특징과 행동을 찾아보라. 현재의 상사와 비교할 때 이상적인 상사의 모습은 어떻게 다른가?

필요하다고 생각된다면 상사와의 관계를 주도적으로 개선하라. 상사에게 가서 당신의 효율성을 높이기 위해서 그가 무엇을 해야 하는지, 또는 무엇을 그만두어야 하는지 솔직하게 직접적으로 말하라. 무엇이 당신을 더 만족하게 하고 회사에 더 많은 기여를 하게 하는지 말하라. 공격이나 비판인 아닌 유익함을 더하려는 마음으로 의견을 제기한다면, 대부분의 상사들은 이런 긍정적인 피드백feedback에 대해 열린 마음으로 받아들일 것이다.

4

긍정적인 태도를 개발하라

> 모든 인간은 자신의 존재 법칙에 의해 존재한다. 그의 인격을 형성한 생각들이 그를 지금 있는 위치에 있게 한다.
>
> – 제임스 알렌[James Allen]

심리학자 시드니 주라드[Sydney Jourard]에 따르면 성공의 85%는 그 사람의 태도와 성격에 의해 결정된다. 당신이 얼마나 높은 연봉을 받고 얼마나 빨리 승진할 것인가 하는 것은 사람들이 얼마나 당신을 좋아하는지, 그리고 당신을 돕고 싶어하는가에 의해 주로 결정된다.

사람들은 불평을 하거나 비판적인 사람보다 명랑하고 낙천적인 사람을 더 좋아하고 존경한다. 당신의 커리어 성공에서 가장 중요한 결정요인 중 하나는 다른 사람들과 얼마나 잘 어울리고 팀의 일원으로서 얼마나 잘 융화할 수 있는지의 여부이다. 당신의 연봉과 승진은 커리어의 모든 단계마다 얼마나 다른 사람들과 서로 잘 협조하느냐에 따라 크게 영향을 받는다.

협동하여 일을 잘하는 사람들은 즐겁고 긍정적이며, 동료들에 대한 지원을 아끼지 않는다. 그들은 공감 능력이 뛰어나고 배려심이 깊다. 사람들은 그들의 주위로 몰려들고, 그들과 함께 일하고 싶어 하고, 그들의 발전을 돕고 싶어 한다.

긍정적이고 친절한 사람은 그의 커리어를 키울 수 있는 상사들의 눈에 잘 띄고 인정을 받는다. 또한 긍정적인 사람은 동료와 직원들로부터 더 많은 지원을 받는다. 긍정적인 사람은 자신을 더 빠르게 위로 밀어주는 힘을 경험하게 된다.

자신이 얼마나 긍정적인가 하는 것은 스트레스 상황에서 어떻게 행동하는가에 의해 결정적으로 드러난다. 상황이 좋을 때는 누구나 긍정적일 수 있다. 그러나 사람은 어려움과 시련에 직면했을 때 자신과 주변의 사람들에게 자신의 진정한 모습을 드러내게 마련이다. 이런 말을 들어봤을 것이다.

"상황이 어려워지면 강한 사람들이 진가를 발휘한다."

긍정적인 마음가짐을 가진 사람은 누구에게서나 어떤 상황에서나 좋은 점을 찾아내려고 노력한다. 그는 어떤 문제 속에서도 긍정적이거나 건설적인 것, 또는 귀중한 교훈을 찾는다. 시련이나 어려움 속에서도 가치 있는 교훈을 찾으려는 습관은 당신을 낙관적이고 쾌활하게 만든다. 이런 습관은 당신을 과거 지향적으로 만들거나 비난을 일삼게 하기

보다는, 미래 지향적이고 행동 지향적인 사람으로 만든다.

다행스럽게도 이런 건설적인 접근법은 '연습'을 통해 개발할 수 있는 습관이다. 긍정적인 마음가짐은 매일의 일상 속에서, 특히 그것이 가장 필요할 때, 긍정적인 사람이 되겠다고 결심함으로써 익힐 수 있다.

＼ 지금 실행하라!

회사에서, 그리고 일상생활 속에서 완전히 긍정적인 사람이 되겠다고 오늘 결심하라. 일이 잘 안 되어갈 때 비판하거나, 불평, 비난하기를 거부하라. 다른 사람에 대해, 혹은 회사에 대해 흠집을 내거나 험담을 하거나 불평하려는 성향에 대해 저항하라.

회사에서 '21일 긍정적인 마음가짐 집중훈련'에 돌입하기로 오늘 결심하라. 이 기간 동안 어떤 일이 일어나도 하루 종일 철저하게 '긍정적이고 건설적인 태도를 견지堅持하는 연습'을 하라. 어떤 문제나 어려움에 대해 반응하기 전에 10까지 세어라. 어떤 상황에서도 '좋게 이야기할 수 있는 측면'을 찾아라.

21일째가 되면 남은 일생 동안 당신에게 도움이 될 '새로운 습관'이 몸에 배어 있을 것이다.

5
성공 이미지를 만들어내라

> 대부분의 사람들은 매우 시각적이다. 그렇기 때문에 당신이 그렇듯이, 사람들도 당신을 외모로 판단한다.
>
> — 브라이언 트레이시[Brian Tracy]

외모를 가꾸라!

크게 성공하고 싶다면, 다른 사람들에게 인정받고 싶고 존경받고 싶다면, 다른 사람들이 칭찬하고 공감할 수 있는, 그런 사람으로 보이기를 힘써야 한다.

외모에 대한 무지와 무관심으로 인해 해가 갈수록 자신의 발전을 저해하는 사람들이 얼마나 많은지 모른다. 아무도 그들을 불러서 높은 연봉을 받고 빨리 승진하는 데 있어서 옷차림과 외모 가꾸기가 얼마나 중요한지에 대해 이야기해 주지 않는다.

시중에는 비즈니스에서 필요한 프로의 이미지를 주제로 한 잡지 기사나 책들이 많이 나와 있다. 나는 개인적으로 이 주제에 관해 수년간 연구해왔고 수많은 사람들에게 이미지와 옷차림에 대해 가르쳐왔다. 외모에 아주 작은 변화를 주었을 뿐인데 취업이나 승진에 중요한 영향을 미치는 경우를 무수히 보아왔다. 외모는 당신이 얼마나 멀리 가느냐, 혹은 얼마나 빨리 도달하느냐에 큰 영향을 미친다.

사람들은 적어도 처음에는, 보이는 모습으로 당신을 판단한다. 좋은 첫인상을 줄 수 있는 두 번째 기회는 오지 않는다. 외모, 의상, 몸치장은 첫인상의 95%를 결정한다. 그리고 이런 외적 요소들은 오직 당신에 의해 결정된다.

당신이 인식하건 그렇지 못하건, 입을 옷을 고르고 어떻게 치장할 것인지 선택한다는 것은 '세상을 향해 당신이 어떤 사람인지를 알리는 것'이다. 그것은 당신이 자신에 대해 어떻게 생각하는가를 다른 사람들에게 말하는 것이며, 사람들이 당신을 어떻게 평가하고 대우하기를 바라는지에 대한 신호를 보내는 것이다. 지금 그 옷차림을 선택한 것은 당신이기 때문에, 사람들에게 전달된 메시지가 무엇이든 그것은 당신의 책임이다.

커뮤니케이션 전문가들에 따르면 사람들은 처음 만나 4초 안에 상대방을 판단하고, 그 다음 30초 동안 상대방에 대한 의견을 결정짓는다고 한다. 당신은 사람들에게 어떤 첫인상을 주는가? 사람들에게 어떤 이상적인 인상을 남기고 싶은가? 더 좋은 첫인상을 심어주기 위해서 어떤 변화를 시도할 것인가?

당신은 항상 당신의 직업이나 회사가 요구하는 '성공을 위한 옷 입기'를 해야 한다. 그것이 어떤 종류의 옷차림이든 그 업종이 요구하는 대로 따라야 한다. 성공을 위한 옷차림이 무엇인지 확인하려면 먼저 회사의 고위층을 살펴보라. 당신의 업계에서 더 많은 책임을 지고 더 높은 연봉을 받는 직위로 승진한 사람들의 사진이 실린 뉴스나 잡지를 들여다보라. 그리고 이 사람들을 귀감으로 삼아라. 뒤따라가는 사람들이 아닌 앞서가는 사람들을 당신의 모범으로 삼아라.

성공을 위한 옷 입기에서 반드시 따라야 할 규칙은 자신의 현재 직위보다 두 단계 상위직급을 겨냥해서 옷을 입는 것이다. 상위직급의 사람처럼 보이기 시작하면, 회사에서 당신의 승진 여부를 결정하는 사람들은 당신이 더 높은 수준에서 일을 하고 있다고 생각하기 시작한다. 당신을 승진 가능성이 높은 사람으로 생각하기 시작한다.

비즈니스에서 가장 효과적인 것은 특정한 색과 색의 조합이다. 또한 특정한 의상과 액세서리는 권위와 능력이라는 메시지를 전달한다. 이런 것들은 업종에 따라, 그리고 회사에 따라 달라진다.

존 멀로이 [John Malloy]의 『성공을 위한 옷차림 Dress for Success』과 같은 프로의 이미지와 관련된 좋은 책을 한 권 구입해서 처음부터 끝까지 읽고, 외모에 관한 모든 추천사항을 그대로 따르라. 아무것도 하지 않은 채 그저 운運에만 맡기지 마라.

"미래를 꿈꾸는 사람이라면 미래가 없는 사람처럼 옷을 입지 마라."

오늘날 캐주얼 복장에 대해, 비즈니스에서 허용되는 복장규범이 어떻게 바뀌어왔는지에 대해서는 논란이 많다. 이것은 일부만 진실이거나 전혀 진실이 아닌 경우가 많다. 가장 복장에 신경 쓰지 않는다는 실리콘밸리닷컴 siliconvalley.com 회사들의 임원도 고객이나 은행 간부가 회사로 찾아왔을 때 바로 입을 수 있도록 항상 정장을 준비해 둔다.

만나는 고객들이 제한되어 있는 직원들이나 회사의 자산에 직접적인 영향을 미치지 않는 사람들은 캐주얼 복장을 하는 것이 적당하다. 많은 기업들이 내근직 직원들에게 캐주얼 복장을 허용하는 것은 연봉 인상이나 승진의 대용으로 주는 것이다. 따라서 복장 문제가 당신에게 적용될 때는 이런 점을 조심스럽고 사려 깊게 고려해야 한다. 뒤따라가는 사람들이 아닌, 앞서가는 사람들을 따르라.

어딘가 중요한 곳에 갈 사람처럼 입어라. 당신 주위의 모든 사람들은 평상복을 입고 있고 당신은 정장을 차려 입었다면 누가 눈에 띄겠는가? 누가 더 밝은 미래를 가진 진지한 사람으로 보이겠는가?

임원들은 고객이나 다른 사람에게 소개하는 자신의 부하직원이 믿음직스럽게 보이기를 원한다. 옷차림에 특별히 신경을 쓰면 당신의 커리어에 도움을 줄 수 있는 사람들에게 보다 능숙하고 유능한 사람으로 보인다. 임원이 다른 임원에게 당신을 회사를 대표하는 사람으로 기쁘게 소개할 수 있을 정도로 옷을 입고 치장에 신경 써야 한다.

일터에서 항상 성공한 사람처럼 보이도록 노력하라. 당신이 가치 있고 중요한 사람인 것처럼 행동하라. 회사와 함께 밝은 미래를 향해 가는 사람의 외모를 만들어내라. 인간은 어쩔 수 없이 타인의 외모와 의상에 강하게 영향을 받는 존재라는 것은 부인할 수 없는 사실이다. 그러므로 당신의 목표는 어떤 비즈니스 상황에서도 유능하고 자신감 넘치는 사람으로 보이도록 자신을 꾸미는 것이다.

당신은 무한한 미래를 가진 주목할 만한 사람이라는 사실을 반드시 기억하라. 당신을 만나는 모든 사람들이 당신을 처음 만났을 때나, 이후에 당신을 볼 때마다 이런 사실을 인식하도록 만드는 것이 중요하다.

＼ 지금 실행하라!

당신이 원하는 대로 이미 크게 성공한 사람처럼 옷을 입고, 단장을 하고, 모든 면에서 그렇게 보이겠다고 오늘 결심하라. 회사에서 당신 주위의 가장 성공한 사람들을 바라보고, 그들을 모범으로 따르라. 캐주얼하게 입는 사람을 신경 쓰지 말고, 매일 오후에 채용 면접을 보러 가는 사람처럼 잘 차려 입으라.

오늘 서점에 가거나 혹은 인터넷에서 의상, 스타일, 원단 등 몸을 꾸미는 일에 관한 좋은 책 한 권을 구입하라. 색상을 조합시키고 어울리게 액세서리를 착용하는 법을 배우라. 지금 옷장의 옷들을 점검해 보고 당신이 전하고자 하는 메시지와 더 이상 일치하지 않는 옷들은 모두 버려라.

6

더 일찍 출근하고, 더 열심히 일하고, 더 늦게까지 남아 있어라

삶의 목표는 사는 것 그 자체다. 삶은 행동이며, 힘을 쓰는 것이고, 자신의 힘을 가능한 한 끝까지 사용하는 것은 우리의 즐거움이고, 의무다.

— 무명씨

어려운 일에 헌신하는 힘을 개발하라. 회사에서 중요한 위치에 있는 사람들의 주목을 받기 위해서는 열심히 일하고 많은 일을 해내는 사람으로 정평이 나는 것보다 빠른 방법은 없다.

열심히 일하는 사람은 반사회적인 사람이 아니다. 스트레스나 과로로 모든 에너지가 소진된 충동적이고 강박적인 사람도 아니다. 오히려 열심히 일하는 사람은 시간을 낭비하지 않는 사람이다. 그는 매분, 매초를 소중히 여기며 일을 한다. 우선순위를 명확히 하고, 하루 종일 꾸준히 열심히 일을 하며, 회사에 가치 있는 기여를 하겠다고 결심한 사람이다.

각 조직에서 누가 가장 열심히 일하는지, 그 조직의 사람들은 다 안다. 그들은 회사에서 가장 존경받는 사람들이다. 그들은 대부분 아주 정당한 이유로, 더 많은 연봉을 받고 더 빨리 승진하는 사람들이다. 그들은 다른 사람들보다 더 짧은 시간 내에 더 많은 일을 한다. 그들은 자신이 받는 급여의 가치보다 더 많은 공헌을 한다. 그 결과 그들은 회사에 매우 유용한 사람이 된다. 그들은 투자할만한 가치가 있는 사람이 된다. 그들은 좋은 본보기가 되고, 상사가 자랑으로 여길 만한 사람이며, 다른 누구보다 끝까지 함께 일하고 싶은 사람이다.

당신이 회사에서 가장 가치 있고 영향력 있는 사람이 되기 위해서는 매일 생산적인 일에 별도로 두 시간을 투자하기만 하면 된다. 이 두 시간은 아침에 한 시간 일찍 출근하고 저녁에 한 시간 늦게 퇴근함으로써 만들어낼 수 있다. 하루가 약간 길어지긴 하겠지만 이는 당신의 커리어 발전을 엄청나게 가속화시킬 것이다.

효율성 전문가들은 방해 받지 않고 한 시간 동안 일에 전념할 경우, 보통 사무실에서 세 시간 동안 하는 업무를 끝낼 수 있다고 말한다. 중간에 끼어들거나 산만하게 하는 주위 환경 때문에, 특히 창의적인 업무의 경우, 사무실에서는 거의 일을 할 수 없다. 중간에 방해받지 않고 일할 수 있는 시간대를 계속해서 만들어야 한다. 다른 사람들보다 일찍 출근하고, 남들이 점심 식사를 위해 나가 있는 동안 일하고, 다른 사람들이 퇴근했을 때 약간 늦게 남아 있는 것으로 이러한 별도의 시간대를 만들어낼 수 있다.

모든 분야의 정상에 있는 사람들은 보통 사람보다 더 많은 시간 동안 일을 한다. 미국에서 소득 상위 10%에 드는 사람들은 주당 50시간 이상 일을 한다. 최고 소득 1%에 해당하는 사람들은 주당 평균 56시간 일을 한다. 보다 중요한 것은 그들은 근무 시간 내내 정말 일만 한다는 것이다. 그들은 시간을 낭비하지 않는다. 일찍 직장에 도착해 가장 중요한 업무부터 즉각 시작한다. 하루 종일 꾸준히 일을 한다. 그들은 친절하지만 동료들과 수다를 떨거나 잡담을 나누며 시간을 허비하지 않는다.

이 또한 당신의 목표가 되어야 한다. 근무 중에는 내내 일만 하라. 세탁소에 들르거나, 개인적인 전화 통화를 하거나, 신문을 읽거나, 스포츠 경기나 TV 프로그램에 대한 잡담을 나누지 마라. 일하는 동안은 줄곧 일만 하라.

회사가 외부기관을 불러들여 누가 제일 열심히 일을 하는지, 그 다음으로 열심히 일하는 사람은 또 누구인지, 거기에 가장 일을 하지 않는 사람까지 분석하게 한다고 상상해 보라. 당신의 목표는 이런 '상상 속의 시합'에서 1등을 차지하는 것이다. 회사 전체에서 가장 열심히 일하는 사람으로 꼽혀야 한다. 이런 상상 속의 시합에서 우승한다면, 더 높은 연봉을 받고 더 빨리 승진하는 데 있어서 당신이 얻을 수 있는 다른 어떤 평판보다 더 도움이 될 것이다. 다른 사람들이 알든 모르든 이런 시합은 매일매일 계속될 것이다.

동료가 당신과 잡담을 나누고 싶어 하거나, 하고 있는 일에 집중하지 못하도록 방해하려 할 때 정중하고도 단호하게 거절하라. 지금 당신은 매우 바쁘다고 말하라. 나중에 만나자고 제안하라. 그 후에는 쾌활하게 웃으면서 말하라.

"이제 다시 일을 해야지!"

"일 해야지! 일 해야지! 일 해야지!"라고 반복해서 계속 말하라.

이 말을 지속적으로 반복하다 보면 미루려는 버릇을 극복할 수 있고, 중요한 업무에 집중할 수 있다. 그리하여 당신은 업계에서 가장 생산적인 사람이 될 것이고, 모든 사람들이 그 사실을 알아차릴 것이다.

＼ 지금 실행하라!

당신의 회사에서 가장 열심히 일하는 사람이 되겠다고 오늘 결심하라. 다른 사람들보다 한 시간 일찍 출근해서 즉각 일을 시작할 수 있도록 스케줄을 재조정하라. 당신이 하고 있는 일을 아무에게도 말하지 마라. 당신에게 가장 중요한 사람들이 머지않아 곧 알아차릴 것이다.

회사에 있는 내내 일하라. 한가한 잡담으로 시간을 낭비하는 커피 타임이나 점심시간을 줄여라. 그 시간에 일을 더 하라. 일을 더 하기 위해 회사에 한 시간 더 머물러라. 그리 오래 지나지 않아 당신은 주위 사람들보다 2~3배 많은 일을 해낼 것이다.

7

자원하여
일을 맡아라

> 사람은 끊임없이 나아지는 존재로, 하나의 목표에 도달하면 더 높은 목표를 세우는 존재로 창조되었다.
>
> — 랠프 랜섬[Ralph Ransom]

모든 인생은 일종의 '시합'이다. 당신이 좋아하든 혹은 그렇지 않든, 당신은 더 많은 연봉을 받고 더 빨리 승진하고자 하는 사람들과 경쟁을 하고 있다. 시합은 이미 진행 중이고, 당신은 그 안에 있다. 우선은 선두 그룹으로 진출한 다음 주위의 다른 사람들보다 더 빨리 앞서나가는 방법을 찾아야 한다.

다행히도 앞서나가 계속해서 선두를 유지할 수 있게 하는, 효과가 입증된 방법들이 있다. 이 전략들 가운데 가장 중요한 것은 스스로에게 지속적으로 더 많은 책임감을 요구하는 것이다. 모든 업무를 나서서 맡아라. 적어도 일주일에 한 번은 상사를 찾아가서 당신이 할 일이 더 없는지 물어보라.

직원회의에서는 문제를 해결하기 위해, 혹은 회사의 목표를 더 빨리 달성하기 위해, 해야 하거나 할 수 있는 일들에 대한 제안들이 쏟아진다. 상사가 이런 제안들 중 하나를 채택했을 때, 추가적인 업무를 하겠다고 자원하라. 손을 들어라. 상대팀이 놓친 공을 낚아채서 달려 나가는 미식축구 선수처럼 새로운 업무를 한 손에 낚아채라. 그리고 신속히 일을 처리하라.

대부분의 사람들은 이 단순한 전략을 생각해내지 못한다. 그들은 누군가 자신에게 일을 요청했을 때 단지 그 요청받은 일만 한다. 가능한 한 최소한의 일만 하면서 그럭저럭 회사생활을 해나가는 것이 현명하다고 생각하기까지 한다. 하지만 당신은 그 반대이다. 당신은 끊임없이 더 많은 업무와 책임을 요구한다. 그리고 그 일들을 재빨리 믿음직하게 완수한다.

이용당할까 봐 걱정할 필요는 없다. 더 많은 책임을 요구함으로써 실제로는 당신이 회사와 상사를 이용하는 것이다. 지식과 기술, 성과를 내는 능력을 확장하고 키우는 것이다. 당신이 조직에 기여하는 가치로 인해 갈수록 당신에 대한 평가는 높아질 것이다. 이것은 단기적으로, 그리고 당신이 커리어를 이어나가는 내내 당신에게 유익할 것이다.

더 높은 연봉을 받고 더 빨리 승진하기 위해, 자발적으로 다른 사람들보다 더 많은 일을 하는 사람이라는 평판을 얻는 것보다 더 좋은 전략은 거의 없다. 추가적인 노력이나 희생을 해야 할지라도, 그 할당 받은 일이 당신 미래의 커리어가 걸려있는 시험인 것처럼 생각하라. 그리고 신속히, 훌륭하게 그 일을 완수하라.

> **지금 실행하라!**
>
> 당신의 가치를 높이는 방법들을 끊임없이 찾아라. 특히, 상사에게 중요한 업무를 자원해서 맡아라. 수시로 상사를 찾아가서 그의 짐을 덜어줄 일은 없는지, 해야 할 일은 없는지 물어보라. 당신의 가치를 높일 수 있는 기회들에 깜짝 놀랄 것이다.
>
> 해야 하는 일이 있을 때마다 돕겠다고 나서라. 업무와 추가적인 일들을 자원해서 하라. 아무도 그렇게 하지 않기 때문에 자원하는 즉시 당신이 돋보일 것이다. 그 다음에 그 업무가 무엇이든 재빨리 처리하고 상사에게 보고하라. 그리고 또 다른 일을 요구하라.

8

원하는 것을
요구하라

> 이 세상에서 성공하는 사람들은 자리에서 일어나 자신이 원하는 환경을 찾는다. 만약 원하는 환경을 찾지 못하면 자기가 만들어낸다.
>
> — 조지 버나드 쇼[George Bernard Shaw]

'원하는 것 요구하기'는 성공원칙 중 하나이다. 이것은 지금 받는 것보다 더 많은 급여를 받기 위해서 반드시 취해야 하는 가장 중요한 행동전략들 가운데 하나이다. 미래는 요구하는 자들의 것이다. 가만히 앉아서 상황이 개선되기를 바라고 생각하기만 하는 사람들에게 미래는 없다. 미래는 앞으로 나아가서 자신이 원하는 것을 요구하는 사람들의 것이다. 당장 얻지 못할지라도 그들은 얻을 때까지 요구하고 또 요구한다.

연봉 인상을 획득하기 위해 당신이 해야 할 일이 무엇인지 상사에게 물어라. 앞서 나가기 위해 무엇을 해야 하는지 정확히 알지 못한 채 열심히 일하는 것은 아무 의미가 없다. 명확하게 하는 것이 중요하다. 아직 명확하지 않다면 상사에게 가서 묻고 또 물어라.

더 많은 돈을 원한다면 그것을 요구해야 한다. 당신이 원하는 것은 그냥 하늘에서 떨어지지 않는다. 가장 좋은 방법은 변호사가 소송을 준비하는 것처럼, 당신이 받고 싶은 액수에 대한 논거를 철저하게 세우는 것이다. 당신의 논거를 비즈니스 제안서처럼 글로 작성하라. 많은 사람들은 돈을 더 달라고 말로 표현하지만 당신의 전략은 달라야 한다. 당신이 하고 있는 일과 지난번의 급여 인상 이후의 추가적인 경험 및 개발한 기술에 대한 목록을 작성하라. 당신이 하는 일이 전반적인 회사 운영에 미치는 재정적인 영향과, 가장 뛰어난 직원으로서 당신이 회사에 기여한 바에 대해 설명해야 한다.

그리고 마치 상사에게 판매 프레젠테이션을 하듯이 정확하게 이러한 정보에 대해 설명해야 한다. 이때 당신의 실적 증빙 자료를 기반으로 정확한 액수의 월급 혹은 연봉 인상을 요구해야 한다. 대부분의 경우 분명하게 요구하면 별 문제없이 인상될 것이다. 요구했던 것보다 적게 인상되는 경우도 있다. 이럴 경우에는 당신이 요구한 것만큼의 인상을 받기 위해서는 앞으로 무엇을 해야 하는지 물어보라.

당신의 급여인상 요구가 장기적인 결과를 가져오는 중요한 협상인 것처럼 임하라. 실제로도 그렇다. 사전에 상사와의 미팅을 준비하라. 편안한 시간대인지, 시간에 쫓기듯이 정하지는 않았는지 확인하라. 모든 일이 정리되고 방해를 받지 않는 퇴근 시간 무렵이 가장 좋은 시간

일 수 있다. 긴장을 풀고 차분하고 긍정적으로 임하라. 당당하고 용감하게 긍정적인 기대를 가지고 당신이 원하는 것을 요구하라.

급여 인상 요구가 전혀 받아들여지지 않더라도 침착하고 긍정적인 태도를 유지하라. 당신이 요구한 인상액을 받기 위해서는 앞으로 정확하게 무엇을 해야 하는지, 그리고 정확하게 언제 그 급여 인상이 가능한지 물어라. 구체적으로 명확하게 하라. 요구하는 것을 두려워하지 마라.

물론, 요구할 때는 정중한 태도를 갖추어야 한다. 예의 바르게 요구하라. 따뜻하고 상냥한 말투로 쾌활하게 요구하라. 기대하면서 요구하라. 자신 있게 요구하라. 필요하다면 고집스럽게 요구하라. 반드시 요구하라. 미래는 인생의 모든 영역에서 자신이 원하는 것을 끊임없이 요구하는 사람들의 것이다. 당신이 원하는 것들을 더 많이 요구할수록 그것들을 얻을 가능성은 더 높아진다. 기회가 있을 때마다 이 요구 전략을 시도하라. 깜짝 놀랄 정도로 당신에게 좋은 일들이 일어날 것이다.

지금 실행하라!

숙제를 하라. 당신이 회사에 기여하는 측면에서, 당신의 회사와 다른 회사들에서 당신과 유사한 일을 하고 있는 직원들의 급여를 고려했을 때 당신의 진정한 가치가 어느 정도인지 알아보라. 헤드헌터 회사에 전화를 해서 당신과 같은 사람이 고용 시장에서 어느 정도의 가치가 있는지 물어보라. 신문 광고에서 유사한 일에 대해 제시하는 급여의 수준을 알아보라.

수익 증가, 경비 절감, 생산량 증대 혹은 높은 수익률이라는 측면에서 당신이 기여한 가치를 서류로 작성해서 상사에게 명확하게 보여라. 높은 수준의 경험, 혹은 추가적인 교육이 당신을 더 가치 있는 직원으로 만들었음을 설명하라. 당신이 현재 받는 급여와 회사에서 당신에게 맡긴 일을 위해 다른 누군가를 고용하고 교육시키는 데 드는 비용을 비교하라. 당신이 원하는 금액을 구체적으로 정하라. 그런 후에 요구하라.

9

진실성을 신성하게 지켜라

모든 선의 씨앗은 마침내는 꽃을 피우고 열매를 맺을 것이다. 진정한 성공은 올바른 발걸음을 따라간다.

– 오리슨 스웨트 마든[Orison Swett Marden]

성공하는 비즈니스는 신뢰를 기반으로 한다. 고객, 공급자, 직원, 금융기관과의 모든 관계는 당신이 하겠다고 하는 일은 반드시 한다는 것을 사람들이 믿을 수 있다는 인식을 바탕으로 한다. 하버드 경영대학원 총장 테오도르 레빗 [Theodore Leavitt]은 이렇게 말한다.

"회사의 가장 값진 자산은 평판이다. 즉, 그 회사가 고객들에게 어떻게 알려져 있는가이다."

마찬가지로 당신의 인격과 평판은 아마도 당신의 커리어에서 가장 값진 자산일 것이다. 당신의 진실성과 정직한 일 처리에 대한 평판은, 더 많은 연봉이나 더 많은 책임을 요하는 직위를 주기 위해 사람들이 당신을 평가할 때 판단을 내리게 하는 결정적인 요인이다.

인격의 가장 중요한 첫째 요소는 다른 사람들을 대할 때의 '정직성'이다. 무슨 일이 있더라도, 어떤 상황에서든 항상 진실을 말하라. 약속한 일은 반드시 지켜라. 당신이 하겠다고 말한 일은 어떤 불편이나 어려움이 있더라도 반드시 그것을 실행하라.

인격의 둘째 요소는 '신뢰성'이다. 한 사람이 갖는 신뢰성만큼 비즈니스에서, 그리고 인생에서 중요하고 소중하고 존경받는 자질은 거의 없다. 신뢰할 수 있는 사람이 되기 위해서는 자신이 한 약속을 지키기 위해 어떤 희생이나 불편이 있어도 감수해야 한다. 믿을만한 사람이라는 평판을 얻기 위해서라면 그럴만한 가치가 있다. 당신은 다른 사람들이 전적으로 믿을 수 있는 그런 사람이 되어야 한다.

인격의 셋째 요소는 '충성심'이다. 비즈니스에서, 그리고 인생에서 실패하거나 높은 성취를 이루지 못하는 주된 이유 중 하나는 충성심의 부족 때문이다. 진실로 충성스러운 사람은 자신의 회사나 상사에 대한 불만을 다른 사람들에게 늘어놓지 않는다. 그들은 어떤 이유에서건 마음에 들지 않거나 만족하지 못하는 부분에 대해, 자신이 염려하는 내용을 직접적으로 표현한다. 관련된 사람을 찾아가 문제를 처리한다. 책임을 지고 행동하는 것이다.

회사나 상사, 제품이나 서비스, 혹은 회사에 관한 그 어떤 내용이라도 외부 사람들에게 비난하거나 비판하지 말라. 문제에 대해 당신이 기꺼이 나서서 처리할 생각이 아니라면 혼자만 간직하라. 직장 동료와 상사들을 항상 지지하라. 당신의 급여를 결정하는 사람에게 완벽한 충성을 보여주고 표현하라. 어떤 이유에서든 이렇게 할 수 없다면 직장을 다른 곳으로 옮겨라.

윌리엄 셰익스피어 [William Shakespeare]는 다음과 같이 썼다.

"자기 자신에게 진실하라. 그러면 당신은, 밤이 낮을 뒤따르듯이, 다른 누구에게도 거짓으로 대할 수 없게 된다."

내면의 소리에 귀를 기울이고 자신의 양심을 믿음으로써 자기 자신을 속이지 말라. 그리고 주위의 모든 사람들에게도 솔직하게 대하라. 당신이 아는 한 항상 정직하고 진실한 것만 말하고 행동함으로써 진실되게 살아라. 진실성을 다른 무엇과도 바꾸지 마라.

내적으로 외적으로 완전히 진실되게 살아갈 때 자기 자신에 대해 만족감을 느끼게 될 것이다. 자신감이 커지고 자존감도 높아질 것이다. 긍정적이고 강인한 느낌을 갖게 될 것이다. 그리고 무엇보다도 주위의 중요한 사람들로부터 존경과 신뢰, 충성심을 얻게 될 것이다. 항상 진실성을 신성하게 지켜라.

＼ 지금 실행하라!

당신이 하겠다고 말한 것은 그것이 좋든 싫든, 혹은 불편하든 아니든, 말한 그대로 실행하라. 개인적인 영역에서나 비즈니스 영역에서나 당신에 대한 절대적인 신뢰의 평판을 키워라.

시간과 스케줄의 문제에 관한 한 정확하고 믿을 만한 사람이 되겠다고 결심하라.

회의시간에 늦지 마라. 맡겨진 업무는 약속한 시간 내에 완수하라. 어떤 이유로든 기한을 지키지 못하게 되었을 때는 사람들에게 미리 사정을 설명하고 양해를 구하라.

10

미래를 생각하라

> 당신이 원하는 것을 시각화하라. 그것을 보고 느끼고 믿어라. 마음의 청사진을 만들고, 그대로 짓기 시작하라.
>
> – 맥스웰 몰츠[Maxwell Maltz]

"당신이 오랜 시간 동안 생각하는 그것이 당신 자신이 된다."는 말이 있다. 이것은 아마도 인간의 행동과 개인의 운명에 대한 가장 위대한 통찰일 것이다.

당신이 주로 하는 생각들이 당신이 하는 말과 결정하고 행동하는 방법, 당신이 이루는 성과를 대체로 결정하며, 인생의 전체적인 과정을 바꾸어 놓기도 한다. 사람은 항상 자신을 지배하는 꿈과 열망이 이끄는 방향으로 나아가게 되어 있다. 무언가에 대해 더 많이 생각하고 이야기하고 상상할수록 그것이 당신의 감정과 행동에 더 많은 영향을 끼치고,

당신은 더 빠르게 그것을 자신의 삶 속으로 끌어들인다.

성공한 사람들은 일상생활 속에서 자신이 원하는 것을 생각하고 이야기하면서 대부분의 시간을 보낸다. 그들은 미래에 대해, 그리고 그것을 현실로 만드는 방법에 대해 생각하고 말한다. 자신이 어디를 향해 가고 있으며, 어떻게 하면 가장 빠르게 그곳에 도달할 것인가에 대해 쉴 새 없이 생각하고 말한다. 그 결과 그들은 끊임없이 가능성을 보고, 목표에 더 빨리 도달하게 해주는 통찰력을 갖게 된다.

미래지향적인 습관을 개발하기 위해서는 자기 자신에 대하여, 그리고 자신의 커리어에 대하여 장기적인 비전을 만들어야 한다. 자신이 어디를 향해 가고 있으며, 어디에서 끝내기를 원하는지 생각하는 이런 습관은 당신의 성공의 수준에 엄청난 영향을 미칠 것이다.

하버드 대학의 에드워드 밴 필드[Edward Banfield] 박사는 50년 이상의 연구 끝에, 우리 사회에서 가장 성공한 사람들은 '장기적인 시각'을 가진 사람들이라는 결론을 내렸다. 그들은 10년, 20년 후의 미래에 대해 생각하고, 이런 장기적인 시야를 기반으로 매일매일의 의사 결정을 내린다. 당신도 그렇게 해야 한다.

미래 지향에서 가장 중요한 단어는 바로 우리가 1장에서 다루었던 '이상화'다. 이상화의 과정에서 당신은 지속적으로 자신의 이상적인 미래 커리어에 대해 생각하고 상상해야 한다. 수시로 당신의 3년에서 5년 후의 모습을 예상해 보라. 모든 면에서 완벽한 커리어를 갖고 있는 당신을 그려 보라. 당신에게 정확하게 딱 맞는 일을 하고 있다고 상상해

보라.

모든 측면에서 당신의 일이 이상적이라면 그것은 어떤 일일까? 어떤 종류의 일을 하고 있을까? 돈은 얼마나 벌까? 누구와 일을 할까? 어디에서 일할까? 어느 정도 수준의 책임을 맡고 있을까? 이러한 미래의 그림이 당신의 매일매일의 의사결정에 영향을 미치고, 또한 이끌어가게 하라.

당신에게 완벽하게 맞는 직업을 상상하고 이상화했으면 그 직업을 얻고 유지하기 위해 어떤 사람이 되어야 하는지 그림을 그려보라. 어떤 기술을 가지고 있는가? 어떤 새로운 기술과 핵심 능력을 길러야 하는가?

당신의 일에 대해 '갭 분석 GAP analysis' 이라는 것을 실시하라. 당신의 현재의 위치와 미래에 처하고 싶은 위치의 차이를 들여다보라. 두 상황 사이에 존재하는 갭 gap 을 확인하라. 가장 큰 차이는 무엇인가?

그 갭을 메우기 위해 지금 당장 무엇을 바꾸어야 하는가? 당신의 운명을 전적으로 통제하고 자신이 진정으로 원하는 일을 할 준비를 하기 위해 오늘 어떤 행동을 취할 수 있는가? 경영의 스승 피터 드러커 [Peter Drucker]가 말했듯이 "미래를 예측하는 최고의 방법은 미래를 창조하는 것"이다.

몇 년 후에 당신이 도달하고 싶은 곳에 대한 명확한 비전을 많이 개발할수록, 당신의 비전을 현실로 바꾸어 줄 조치를 매일매일 취할 가능성이 높아진다.

당신의 회사의 미래에 대해서도 생각하라. 당신의 회사가 어디로 향해 가고 있는지, 미래의 성공과 이익을 위해 당신의 회사가 달성해야 할 일이 무엇인지 생각하라. 회사가 추구하는 목표에 도달하게 하기 위해, 회사를 위해 당신이 무엇을 할 수 있는지 생각하라.

현재 당신의 직급에서 미래 지향적으로 사고하고 행동할수록 당신의 기여도는 더 높아질 것이다. 회사의 장기적 목표 달성에 더 많이 기여할수록 당신은 더 많은 급여를 받고 더 빨리 승진할 것이다. 미래 지향적인 사람일수록 더 나은 결정을 내리고, 회사 운영에 더욱 더 긍정적인 영향을 끼칠 수 있다. 미래 지향적인 사람일수록 자신의 인생, 커리어, 개인의 운명이 자신의 통제 하에 있다고 느낀다.

＼ 지금 실행하라!

종이 한 장을 꺼내서 먼 훗날의 당신의 완벽한 일과 생활, 커리어에 대해 최대한 자세하게 적어 내려가라. 당신의 상상력을 마음껏 펼쳐라. 억만장자가 그 글을 읽고 당신이 묘사한 그 일을 당신에게 주려고 한다고 상상하라. 분명하게 그것을 정의하라.

현재 당신이 하고 있는 일들을 둘러보라. 현재의 상황, 지식 및 기술의 수준과 앞으로 언젠가 당신이 이루고 싶은 이상적인 모습을 비교해 보라. 당신의 이상적이고 완벽한 미래를 현실화시키기 위해 필요한 변화가 무엇이건 간에, 오늘 이 순간부터 그 변화를 만들기 시작하라.

11
목표에 주력하라

> 목표가 있는 사람들은 자신이 어디로 가고 있는지 알기 때문에 성공한다.
> – 얼 나이팅게일[Earl Nightingale]

일과 인생에서 위대한 성공을 이루는 데 가장 중요한 단어는 아마도 '명확성' 일 것이다. 명확성이란 '자기 자신이 누구인지, 무엇을 믿는지, 무엇을 정말로 잘하는지, 혹은 잘할 수 있는지, 이루고 싶은 목표가 무엇인지에 대해서 아주 분명하게 아는 것' 을 뜻한다.

글로 쓴 명확한 목표를 가지고 있는 사람들과 자기 인생의 각 분야에서 이루고 싶은 것이 무엇인지 정확하게 아는 사람들은 자신이 원하는 것에 대해 확신이 없거나 분명하게 알지 못하는 사람들보다 훨씬 더 많은 것을 성취한다. 월트 디즈니사社의 최고 경영자 마이클 아이스너

[Michael Eisner]가 "누구보다 강한 견해를 가지고 있는 사람이 주로 이긴다."고 한 말은 비즈니스에서는 사실이다.

더 높은 연봉을 받고 더 빨리 승진하기 위해서는 강력하게 목표 지향적인 사람이 되는 것보다 더 확실한 방법은 없다. 흔히 목표를 세우고 달성하는 능력을 '성공을 위한 주요 기술'이라고 부른다. 다행스럽게도 모든 비즈니스 기술은 '배울 수 있는 것'이다. 게다가 이 기술은 단기간에 익힐 수 있고, 매일의 '연습'을 통해 향상시킬 수 있다.

목표 설정에는 많은 접근법이 있다. 이 주제에 대해 며칠에 걸쳐 진행되는 세미나에 참석할 수도 있다. 그리고 사실은 어떤 방법을 쓰든 아무 것도 안 하는 것보다는 낫다.

여기, 「목적을 설정하고 성취하기 위해 활용할 수 있는 간단하고도 강력한 7단계 공식」이 있다.

- **1단계 : 원하는 것을 정확히 결정하라.**

당신이 커리어에서 성취하고 싶은 것을 결정하라. 이상적인 수입, 꿈꾸는 라이프 스타일, 완벽한 가정환경, 건강 수준, 몸무게와 체력 정도, 그리고 당신에게 중요한 다른 영역에서의 목표를 결정하라. 대부분의 사람들은 이것을 하지 않는다. 당신이 원하는 것을 정확히 알 때 당신은 대부분의 다른 사람들과 차별화된다.

- **2단계 : 결정한 것을 글로 써라.**

종이에 목표를 써 내려갈 때, 글씨를 쓰는 손과 머리 사이에서 놀라운 일이 일어난다. 쓴다는 행위는 사실은 당신의 목표를 무의식 속에 프로그래밍 해서 짜 넣는 것이다. 이렇게 되면 목표 자체에 힘이 생기기 시작하면서 사람들과 가능성을 당신의 삶 속으로 끌어당긴다. 내가 만나본 사람들 중에 목표 쓰기를 규칙적으로 하는 사람들은 한 명도 예외 없이 자신의 목표가 너무나 빨리 이루어진다는 사실에 굉장히 놀라워했다.

- **3단계 : 기한을 정하라.**

큰 목표일 경우에는 중간중간에 작은 기한도 정하라. 어떤 이유에서든 기한을 넘겼을 경우 다시 기한을 정하라. 우리의 무의식은 분명한 '강제 시스템'이나 구체적인 시간 목표를 필요로 한다. 기한을 정하면 무의식의 힘이 더 많이 활성화된다. 정한 기한 내에 목표를 달성하기 위해 필요한 행동을 취하고자 스스로 동기 부여하는 자신을 발견하게 될 것이다.

- **4단계 : 목록을 만들어라.**

목표를 달성하기 위해 완수해야 할, 당신이 생각할 수 있는 모든 과제들을 종이에 적어라. 새로운 과제나 활동이 생각나면 그것도 목록에 추가하라. 목록을 계속해서 추가하면서 완성시켜라. 이것은 매우 중요하다.

- **5단계 : 목록을 체계적으로 정리해서 계획화하라.**

계획은 시간과 순서에 따라 배열된 활동들의 목록일 뿐이다. 우선적으로 무엇을 해야 하는가? 그 다음에 해야 할 일은 무엇인가? 무엇이 더 중요한가? 덜 중요한 것은 무엇인가? 일단 목표와 계획이 설정되면 성공을 위한 청사진을 갖게 된 것이다. 그 어느 때보다 빠르게 목표를 성취할 준비를 갖춘 것이다.

- **6단계 : 계획에 따라 행동에 옮겨라.**

무엇인가 하라. 어떤 것이라도 하라. 어떤 일을 하든 바쁘게 하라. 당장 시작하라. 꾸물거리지 마라. 논리적으로 첫 단계를 선택해서 시작하라. 실행의 부족으로 인해 그냥 묻혀 버리고 마는 위대한 목표와 계획들이 얼마나 많은지 안다면 아마 깜짝 놀랄 것이다. 당신에게는 이런 일이 일어나지 않게 하라.

- **7단계 : 주된 목표를 향해 나가기 위해 매일매일 무엇인가 하라.**

가장 중요한 목표의 방향으로 나아가도록 구체적인 행동을 하라. 이것이 아마도 가장 중요한 단계일 것이다. 매일 무엇인가를 실천함으로써 추진력을 키울 수 있다. 이 추진력으로 목표를 향해 더 빠르게 움직일 수 있다. 그와 동시에 목표는 당신을 향해 빠르게 이동해올 것이다.

일을 할 때 목표 지향적인 사람이 될수록 더욱 더 집중할 수 있게 된다. 집중하면 할수록 낭비하는 시간은 점점 더 줄어들고 더 많은 것을 성취하게 된다. 더 많은 것을 성취할수록 회사에서 당신의 가치는 높아질 것이다.

강력하게 목표 지향적인 당신은 주위의 사람들보다 두드러져 보일 것이다. 더 큰 책임을 요구하는 기회들을 더 많이 끌어들일 것이다. 막강하게 목표 지향적인 사람이 되면 당신은 필연적으로 더 높은 연봉을 받고, 더 빨리 승진하게 될 것이다.

지금 실행하라!

지금 당장 종이 한 장을 꺼내서 앞으로 12개월 안에 이루고 싶은 목표 10가지를 적어 보라. 1년이 지나서 목표들을 이미 다 이룬 것처럼 현재 시제로 적어라. (예를 들어 "나는 1년에 얼마를 번다."라고 쓰는 것이다.) 목록에서 당신의 인생과 커리어에 가장 긍정적인 영향을 주는 목표를 하나 골라라. 이 목표를 깨끗한 종이 위에 옮겨 적어라. 이 목표에 대한 기한을 설정하라. 그것을 달성하기 위한 계획을 종이에 적어라. 계획을 실행에 옮기고, 이 목표 쪽으로 당신을 움직이게 할 무언가를 매일 하겠다고 결심하라.

이처럼 강력한 '목표 설정 연습' 만으로도 당신의 인생은 바뀔 수 있다.

12

성과에 집중하라

> 성공의 첫 번째 필요조건은 자신의 신체적 정신적 에너지를 지치지 않고 줄기차게 한 가지의 문제나 목표에 집중하는 능력이다.
>
> – 토머스 에디슨[Thomas Edison]

성과成果를 내는 능력은 높은 연봉과 빠른 승진을 결정짓는 가장 중요한 결정요인 중 하나이다. 일의 세계에서 성과는 '모든 것'이다. 연구에 연구를 거듭한 결과, 대학이나 고등학교를 졸업하고 2년이 지나면 학교 공부는 커리어에 거의, 혹은 전혀 영향을 미치지 못한다는 사실이 드러났다. 그때부터 진짜 중요한 것은 '회사를 위해 업무를 수행하고 성과를 얻는 능력'이다.

제한된 교육과 기술을 가진 채 출발했지만, 성과라는 하나의 목표만을 바라보고 주력한 결과 더 좋은 교육과 타고난 이점을 가지고 출발한 사람들보다 훨씬 더 많은 것을 성취하는 사람들이 많이 있다. 이것이 당신의 전략이 되어야 한다.

성과 지향적인 사람이 되기 위해 다음과 같은 질문을 항상 자신에게 던져라.

- **나의 최고의 가치 활동은 무엇인가?**

당신이 하는 일들 중에 당신의 일과 회사에 최고의 가치를 부여하는 것은 무엇인가? 그것에 당신의 시간과 에너지의 대부분을 집중해야 한다. 이 질문에 대한 답을 확실히 모르겠다면 상사에게 물어보라.

- **내가 잘할 수 있는, 나만이 할 수 있는 일이 실제로 회사에 큰 영향을 미치는가?**

이것은 강력한 '성과 지향'을 보장하기 위해서 스스로에게 묻고 답해야 할 최고의 질문들 중 하나이다. 이 질문에 대한 답이 당신만이 할 수 있는 일이나 업무가 될 것이다. 당신이 하지 않으면 그 일은 처리되지 않는다. 어느 누구도 그 일을 할 수 없고, 당신을 위해 하려고 하지도 않는다. 이 질문에 대한 당신의 대답이 무엇이든, 지금 당장 그 일부터 시작하라.

- **나의 시간을 가장 가치 있게 사용하기 위해 지금 무엇을 해야 할까?**

매일, 매시간, 매분 마다, 그 순간 당신의 시간을 가장 가치 있게 사용한다고 말할 수 있는 활동을 해야 한다. 이렇게 하면 다른 어떤 활동보다 당신의 생산성이나 성과, 혹은 실적 향상에 큰 도움이 될 것이다. 이렇게 한 가지 업무를 끝내는 것이 그 순간 다른 어떤 일을 하는 것보다 더 큰 가치를 기여할 수 있게 해준다.

직장생활에서 최고의 시간은 당신의 시간을 가장 중요하고 가치 있는 일에 활용할 때이며, 그것을 당신의 상사가 인정할 때이다. 높은 연봉과 빠른 승진을 위해 당신의 상사가 가장 중요하게 생각하는 일에 시간을 들여 전심전력으로 매달리는 것만큼 좋은 방법은 없다.

중요한 업무를 지속적으로 해나가면 더 많은 중요한 업무가 당신에게 주어질 것이다. 성과를 많이 낼수록 당신에게 맡겨지는 일도 더 많아질 것이다. 회사 일에 기여를 많이 할수록 당신은 더 높은 연봉을 받고, 더 빨리 승진하게 될 것이다.

＼ 지금 실행하라!

당신이 고용된 이유는 무엇인가? 직원으로서 당신이 해야 하는 일은 무엇인가? 직장에서 당신이 해야 하는 모든 일의 목록을 만들어라. 업무 활동과 그에 따른 성과, 시간과 에너지의 투입과 당신의 직장에서 요구되는 결과를 구분 지어라. 그 후에는 우선순위에 따라 가장 중요한 것과 가장 덜 중요한 것에 대한 목록을 정리하라.

이 목록을 상사에게 가지고 가서 그가 생각하는 우선순위에 따라 당신의 업무를 정리해 달라고 요청하라. 상사가 생각하는, 당신이 해야 할 가장 중요한 일과, 가장 가치 있는 행동은 무엇인가?

상사의 대답이 무엇이든 지금 이 순간부터, 당신의 부가가치가 가장 높은 행동이라고 상사가 꼽은 그 일에 매일, 매시간을 투자하겠다고 결심하라.

당신을 커리어의 성공 가도에 올려놓을 수 있는 방법으로 이보다 더 좋은 방법은 없다.

13

문제 해결자가 되어라

인간에게 내재된 힘은 실은 새로운 것이라서, 자신을 제외한 누구도 그 힘으로 무엇을 할 수 있는지 모른다. 그 자신도 직접 시도해보기 전까지는 모른다.

— 랄프 왈도 에머슨[Emerson, Ralph Waldo]

문제라는 것은 우리 삶에서 평범하고, 자연스럽고, 피할 수 없는 사실이다. 당신의 일은 바다에서 끊임없이 밀려오는 파도와 같이 문제에 문제의 연속이다. 하루 종일 문제는 문제의 꼬리를 물고 계속 발생할 것이다. 크기와 중요도가 서로 다를 뿐 끝이 없다.

이런 상황에서 통제할 수 있는 유일한 부분은 각각의 문제가 발생했을 때 그것을 대하는 당신의 태도뿐이다. 안타깝게도 대부분의 사람들은 스스로 문제들에 압도당하고 만다. 그래서 그들은 비난받아 마땅한 사람이 누구인지, 왜 그 문제가 발생했는지, 발생 가능한 피해와 비용이 얼마큼인지에 대해 생각하고 이야기한다. 하지만 이런 태도는 도움이 되지 않는다. 그보다는 해결 지향적인 태도로, 그 문제가 무엇이든 해결을 위해 필요한 일에 당신의 에너지를 집중해야 한다.

해결 지향적인 사람들은 어떤 조직에서든 가장 소중한 사람들이다. 그들은 긍정적이고 건설적이다. 그들은 이미 일어난 일이나 바꿀 수 없는 일에 신경 쓰는 대신, 지금 당장 할 수 있는 일에 집중한다.

문제에서 해결 쪽으로 생각을 전환하는 것만으로도, 한순간에 당신은 부정적이고 전전긍긍하는 태도에서 긍정적이고 건설적인 태도로 바뀔 수 있다. 이것은 강력한 원칙이다. 누가 무슨 일을 했는지, 누가 잘못했는지 따지고 걱정하기보다는 이런 질문을 던져라.

"지금 우리는 무엇을 하고 있는가?"

"해결책은 무엇인가?"

우리의 머리는 해결책을 찾는 데 집중할수록 더 쉽게 해결책을 찾도록 설계되어 있다. 해결책에 대해 생각하고 이야기할수록 더 좋은 해결책이 빨리, 쉽게 떠오른다. 긍정적이고 건설적인 방도를 강구하는 데 집중하도록 스스로를 단련시키면, 문제를 해결하고 어려움을 이겨내고 목표를 달성하고 중요한 성과를 이루는 데 더욱 창의적이고 유능한 사람이 될 것이다.

직장생활과 개인의 삶에서 문제를 해결하는 능력을 키울수록 더 큰 문제들이 당신에게 맡겨질 것이다. 더 크고 비용이 많이 드는 문제를 해결할수록 당신은 더 많은 급여를 받게 되고, 더 큰 힘을 갖게 되고, 더 높은 지위를 얻게 될 것이다. 콜린 파월[Colin Powell] 장군이 바바라 월터스[Barbara Walters]와의 인터뷰에서 말한 것처럼 "리더십은 문제를 해결하는 능력"이다.

커리어에서의 성공은 당신이 현재 처해 있는 단계에서 부딪히는 문제들을 해결하는 능력에 의해 주로 결정된다. 현재의 문제들을 해결할 능력이 있다는 것을 증명하면 더 복잡하고 중요한 문제들을 다뤄야 하는 단계로 올라갈 것이다. 마치 학교에서 현재 학년 수준의 시험에 합격해야 더 높은 학년으로 진급하는 것과 같다.

가정과 직장에서 해결 지향적인 태도로 임하라. 항상 문제를 해결할 좋은 아이디어를 가지고 있기 때문에 사람들이 문제가 있을 때마다 찾아가는 그런 사람이 되어라. 해결책에 집중할수록 보다 효율적으로 더 좋은 해결책을 생각해낼 수 있게 된다. 강력하게 해결 지향적인 사람이 되었을 때 당신의 삶과 커리어는 높은 연봉과 빠른 승진을 향한 성공 가도에 오를 수 있다.

\ 지금 실행하라!

이런 질문을 매일 스스로에게 하라.

"나는 지금 무엇을 하려고 하는가?"
"그것을 어떻게 하려고 하는가?"
"더 좋은 방법은 없는가?"

가장 중요한 목표를 성취하는 데, 또는 가장 중요한 성과를 얻는 데 걸리는 시간을 좌우하는 제한 요소가 무엇인가? 그것을 해결하기만 하면 커리어에서 더 빠르게 앞으로 나아가는 데 가장 도움이 될, 그 한 가지 문제는 무엇인가?
종이의 맨 위에 질문 형식으로 현재 당신의 가장 중요한 문제를 써라. 이 질문에 대해 최소한 20개의 답을 쓰는 훈련을 하라. 그 중 하나를 골라 즉시 행동으로 옮겨라.
'앞으로의 직장 생활을 해나가는 데 있어서의 해법'이라는 측면에서 생각하라.

14

타고난 창조성을 끌어내라

모든 일에 대해 더 잘, 더 빠르게, 더 경제적으로 수행하거나 생산하는 방법을 생각해내는 사람은 부와 미래를 자신의 손 안에 쥐고 있다.

— J. 폴 게티[Jean Paul Getty]

새로운 아이디어와 획기적인 것을 생각해내는 능력은 다른 어떤 능력보다 중요하다. 많은 사람들이 주력시장의 돌파구나 엄청난 비용 절감으로 이어지는 단 하나의 통찰로 자신의 인생 전체를 바꾸었다. 당신의 업무를 처리하고 더 나은 성과를 성취하는 데 있어서 더 빠르고, 더 경제적이고, 더 쉬운 방법을 찾기 위해 창의성을 활용해야 한다.

습득 능력과 다중지능을 근거로 했을 때 당신은 잠재적인 천재이다. 당신은 목표를 이루기 위해 필요한 것 이상의 지능과 창조성을 가지고 태어났다. 그러나 당신의 창조성은 근육과 같아서 사용하지 않으면 퇴

화된다. 반대로 당신이 지적 능력을 사용하면 할수록 더욱 강해진다. 아이디어를 내기 위해 머리를 많이 쓸수록 창조성이 개발되고, 일의 모든 분야에서 활용할 수 있는 아이디어가 더 잘 떠오르게 된다.

비즈니스에서 성공하는 사람들은 회사가 추구하는 목표를 달성하기 위해 새롭고 더 나은 아이디어와 방법을 찾는 사람들이다. 누구나 다 자신만의 방법에 있어서는 똑똑하고 유능하다. 당신보다 뛰어난 사람은 없다. 당신과 다른 근육을 가지고 태어난 사람이 없는 것과 마찬가지로 당신보다 뛰어난 창조성을 타고난 사람은 없다. 정말 중요한 것은 '당신의 잠재적인 창조성을 개인의 삶과 일에서 얼마나 자주, 그리고 얼마나 잘 활용하는가' 이다.

보다 창조적인 사람이 되기 위해 아이디어를 불러일으키는 몇 가지 방법이 있다.

- 책과 잡지, 업무 관련 소식지를 읽는 것으로 시작하라.
- 같은 분야에, 그리고 다른 분야에 있는 사람들과 이야기를 나누어라.
- 다른 비즈니스와 산업계를 공부하고 그들의 판매, 생산 또는 유통 방식을 당신의 비즈니스에 적용시키는 방법에 대해 상상하라.
- 당신의 회사의 수익성을 높이는데 활용할 수 있는 아이디어를 부단히 찾아라.

창조성과 성공은 직접적인 관계가 있다. 기업 운영을 개선할 수 있는 아이디어를 많이 제안할수록, 더 높은 연봉을 받고 더 빨리 승진할 수 있게 된다. 좋은 아이디어 하나가 당신의 커리어의 방향을 완전히 바꾸어 놓을 수도 있다.

＼ 지금 실행하라!

마치 레이저 빔처럼 창조적인 힘을 일과 개인적 생활에 끊임없이 적용함으로써 창조력을 끌어내라. 창조적으로 생각하기에서 중요한 단어는 '명확성'이다. 더 많은, 더 나은 아이디어를 불러일으키려면 목표, 문제, 질문이라는 세 가지 영역에서 절대적인 명확성이 필요하다.

일과 삶 양면에서 가장 강렬하게 바라는 목표에 대해 절대적인 명확성을 가져라. 그것을 종이에 적어라. 자신의 삶과 커리어에서 가장 시급한 문제를 규정하라. 문제가 무엇인지 분명하게 밝혀야 한다.

독창적인 생각을 하도록 강제하는 날카로운 질문을 던져라. 그리고 무엇보다도 생각을 집중시키고, 내면의 천재성을 불러일으키기 위해 '종이 위에 쓰면서 생각하라!'.

15

매사에 사람을 가장 중요하게 여겨라

사람을 위한 봉사보다 고등高等한 종교는 없다. 공동의 선을 위해 일하는 것이 가장 위대한 신조이다.

– 알버트 슈바이처[Albert Schweitzer]

회사생활과 개인생활에서 '사람'이 전부라고 해도 과언이 아니다. 성공의 정도, 승진 속도, 소득 수준은 당신이 아는 사람의 수, 그리고 당신을 알고 당신을 좋아하는 사람의 수에 따라 대체로 결정된다. 사람들이 당신을 좋아하고 존경하게 되면 그들은 당신에게 기회의 문을 열어줄 것이고, 당신의 길 앞에 놓여 있는 장애물을 제거해 줄 것이다.

사람 지향적인 사람이 되기 위한 비결은 당신이 하는 모든 일에서 '황금률'을 실천하는 것이다.

"남에게 대접받고 싶은 만큼 남을 대접하라."

"기회가 될 때마다 다른 사람의 일을 돕겠다고 제안하라."

"동료 직원들에게 특히 당신보다 적은 급여를 받는 지위에서 일하는 사람에게 예의 바르고 친절하게 이해심을 가지고 대하라."

상호주의 법칙은 인사人事에서 중요한 힘이다. 이 법칙은 사람들이 나를 위해 해주거나 나에게 베풀어준 어떤 것에 대해 항상 갚으려고 애쓰는 것이다. 성경의 '뿌린 대로 거두기' 법칙이나 뉴턴의 '물리학 제3법칙'에 따르면 모든 작용에는 같은 크기이면서 방향은 반대인 반작용이 존재한다. 이 원칙은 대부분의 인사를 지배한다.

회사 안팎에서 항상 다른 사람들을 도울 방법을 찾음으로써, 당신의 커리어에서 이 법칙을 실행할 수 있다. 당신의 인맥을 넓힐 수 있는 모든 기회를 놓치지 마라. 지역의 비즈니스 모임에 참여하고, 당신의 분야와 관련된 회의와 행사에 빠짐없이 참석하라. 자신을 사람들에게 소개하고 그들이 무엇을 하는지 알아내라. 좋은 질문을 던지고 상대방의 대답을 경청하라. 다른 사람들의 사업 목표를 이룰 수 있도록 도울 수 있는 방법을 찾아라.

직장에서 친절하고 명랑하며, 다른 사람들을 기꺼이 도와주는 사람이 되어라. 모든 경우에 사람들에게 감사를 표현하라. 당신에게 크건 작건 어떤 일이라도 도와준 사람에게는 고맙다고 말하라. 사람들의 특성, 소유물 또는 업적에 대해 특별히 신경을 써서 찬사를 보내라. 에이브러햄 링컨 [Abraham Lincoln]이 말했듯이 "모든 사람은 칭찬을 좋아한다."

같이 일하는 한 사람 한 사람을 가장 귀한 고객인 것처럼 대하라. 당신의 상사, 동료, 직원을 귀중하고 중요한 사람으로 대하라. 상대방을 스스로를 중요한 사람이라고 느끼게 만들면 그들도 당신을 중요한 사람처럼 느끼게 만들고자 기회를 찾을 것이다.

주위 사람들이 진심으로 당신을 좋아하고 존경할 때, 높은 연봉과 빠른 승진을 위한 모든 종류의 기회가 당신에게 주어질 것이다.

＼ 지금 실행하라!

직장에서 회사 안팎으로 중요한 모든 사람의 목록을 만들어라. 목록을 검토하고 이 사람들과의 관계에서 당신이 얻고 싶어 하는 결과에 대해 생각해보라.

다른 사람이 당신을 돕거나 지원하고 싶게 만들기 위해 당신이 할 수 있는 일이 무엇인지 생각하라.

'뿌린 대로 거두기 법칙'을 실천하라. 받는 사람보다는 주는 사람이 되어라.

관계에서 무언가를 얻으려 하기 전에 무언가를 줄 수 있는 방법을 찾아라.

16

자신에게
끊임없이 투자하라

> 높이 솟은 참나무 가지를 올려다보게 하소서. 그 참나무가 크고 강하게
> 자란 것은 천천히, 그리고 잘 자랐기 때문임을 알게 하소서.
>
> — 윌 프레드 A. 피터슨[Peterson, Wilfred Arlan]

평생 동안 배움에 전념하라. 회사에서 다른 누구보다 빠르게 배우고 성장하는 사람이 됨으로써 많은 사람들 사이에서 당신을 돋보이게 하라. 이 결심 하나로 당신의 커리어를 이어가는 동안 줄곧 경쟁에서 우위를 차지할 수 있다.

현재 당신이 가지고 있는 모든 지식과 기술은 대부분 그 반감기半減期가 2년 반이다. 그러니까 현재 당신의 일에 대해 당신이 알고 있는 것은 대체로 5년 안에 구식이 되거나 쓸모없어진다는 뜻이다. 급변하는 미래에 살아남고 성공하려면 당신의 지식과 기술을 더욱 더 빠르게, 그리

고 부단히 업그레이드해야 한다. 적극적으로 공부하고 배우지 않으면 현상유지하기도 힘든 것이 현실인데, 하물며 앞서 나가기 위해서는 더 말할 필요도 없다. 농구 코치 팻 라일리 [Pat Riley]가 말한 것처럼 "더 나아지지 않으면 뒤처지고 있는 것"이다.

미국인 고소득자 상위 10%에 드는 사람들은 현 상태를 유지하기 위해 자기 분야와 관련된 글을 하루 2~3시간씩 읽는다. 그들은 가능한 모든 출처를 통해 끊임없이 새로운 정보를 수집한다. 그들의 머리는 스펀지처럼 신문, 잡지, 책, 주요 라디오 및 TV 방송의 내용들을 흡수한다. 레이드 버클리 [Reid Buckley]는 그의 저서 『대중 연설』에서 이렇게 썼다.

"당신이 지식과 기술을 지속적으로 배우고 업그레이드하지 않을 때, 어딘가에서 다른 누군가는 그렇게 하고 있다. 그 사람을 만났을 때 당신은 질 수밖에 없다."

정보화 시대에 초고속으로 진입하면서 모든 업계의 최고 경영층의 사람들은 변화의 파도 위에서 선두를 유지해야만 한다는 것을 깨닫는다. 그렇게 하지 않으면 그 파도에 휩쓸려 버릴 것을 잘 알고 있다. 오늘 당신에게 주어진 선택의 폭은 단순하다. 변화의 달인이 되거나, 아니면 변화의 희생양이 되는 것이다. 중간에 타협의 여지는 거의 없다. 당신이 하는 일이 무엇이건 간에 그 일을 더욱 잘할 수 있도록 쉼 없이 배움으로써 '변화의 달인'이 되어야 한다.

평생 배움에는 세 가지 비법이 있다.

첫째는 자기가 선택한 분야에 대해 매일 최소한 한 시간, 가능하다면 그 이상 독서를 하는 것이다. 운동이 몸을 튼튼히 하듯이 독서는 마음을 건강하게 만든다. 매일 자기 분야에 대한 좋은 책을 한 시간씩 읽는다면 일주일에 한 권을 읽는 셈이다. 일주일에 한 권의 책을 읽는다면 1년에 약 50권의 책을 읽는 것이고, 결국에는 향후 10년 동안 500권의 책을 읽게 되는 셈이다. 자기 분야에 대해 쉬지 않고 매일 독서하는 습관을 통해 당신은 단시간에 동종업계에서 가장 유식하고, 가장 높은 연봉을 받는 사람들 중 한 명이 될 것이다.

평생 배움의 둘째 비법은 이동하는 동안 차 안에서 오디오 프로그램을 듣는 것이다. 자가용 운전자는 매년 평균 500~1,000시간을 차 안에서 운전을 하며 보낸다. 주당 40시간을 기준으로 3~6개월을 차 안에서 보낸다는 뜻이다. 서던 캘리포니아 대학에 따르면 이것은 대학에서 배우는 1~2학기 전체 수업 시간과 맞먹는다. 차에서 음악을 듣는 것보다 교육적인 오디오 프로그램을 들으면 자기 분야에서 가장 많이 아는 사람들 중 한 사람이 될 수 있다.

셋째는 가능한 모든 강의 코스나 세미나에 참석하는 것이다. 내가 아는 높은 연봉을 받는 사람들은 기업 활동에 도움이 되는 2~3일 동안의 집중적인 세미나에 참석하기 위해 미국 이쪽 편 끝에서 저쪽 편 끝까지 왔다 갔다 한다.

좋은 책, 오디오 프로그램, 또는 세미나를 통해서 몇 년에 걸쳐 힘들게 해야 할 일들을 하지 않아도 되는 방법을 배울 수 있다.

새로운 지식을 갈구하라. 어디서든 그것을 구하고, 스펀지처럼 빨아

들여라. 개인적인, 그리고 직업적인 측면에서의 부단한 자기 개발은 당신의 잠재력을 일깨우고, 모든 기회의 문을 열어 줄 것이다. 자기 분야에서 가장 유식하고 유능한 사람이 되는 것은 높은 연봉을 받고 빠른 승진을 하는 데 가장 큰 도움을 줄 것이다. 그런 사람이 되기 위해서는 '평생 배움'의 길을 선택하라.

＼ 지금 실행하라!

'일일 독서 프로그램'을 즉각 시작하라. 일찍 잠자리에 들고, 출근하기 두 시간 전에 일어나겠다고 결심하라. 두 시간 중 처음 한 시간, 즉 '황금 시간'을 당신 자신에게, 당신의 마음에 투자하라. 이렇게 교육적이고, 영감을 불러일으키고, 동기 부여를 하는 글을 읽는 데 전념하면, 그날 하루의 분위기가 결정되고, 마침내는 당신의 인생이 바뀔 것이다.
당신의 자동차를 '이동하는 대학'으로 바꿔라. 달리는 동안은 무조건 교육적인 오디오 프로그램을 들어라. 오디오 프로그램은 여러 책들 가운데 뛰어난 아이디어들을 모아서 담고 있는 경우가 많기 때문에, '운전하는 시간을 학습의 시간으로' 바꾸는 것만으로도 당신은 엄청난 시간과 비용을 절약할 수 있게 된다.

17

최고가 되어라

> 인생의 성공은 어떤 분야를 선택하든, 다른 무엇보다 최고가 되기 위해 얼마나 헌신했는지에 따라 결정된다.
>
> — 빈스 롬바르디[Vince Lombardi]

당신이 하는 일에서 최고가 되겠다고 결심하라. 당신의 분야에서 상위 10%에 들어가겠다고 결심하라. 주위에 있는 최고의 위치에 있는 사람들을 둘러보고, 그들도 모두 바닥부터 시작했다는 사실을 기억하라. 그들이 할 수 있다면 당신도 할 수 있다. 당신보다 영리하거나 뛰어난 사람은 없다. 현재 누군가 당신보다 앞서 있다면 그가 무언가를 당신과 다르게 하고 있기 때문이다. 그리고 그게 무엇이든 다른 사람이 해낸 일이라면, 타당한 범위 내에서 당신도 방법만 배운다면 해낼 수 있다.

자기 분야에서 최고가 되기 위해서는 가장 먼저 자신의 '핵심 성과영역에서의 당신의 뛰어난 업무수행 능력은 당신의 전반적인 업무 능력을 결정하는 핵심요소이다. 여기에서의 성과 혹은 업적이 얼마나 높은 연봉을 받고, 얼마나 빨리 승진하느냐를 결정한다.

당신의 핵심 성과영역을 확인했다면 자신에게 이렇게 물어라.

"만약 내가 개발하고 탁월하게 수행할 수 있는 기술이 한 가지 있다면, 나의 커리어에 가장 긍정적인 영향을 미칠 그 한 가지 기술은 무엇인가?"

이것은 당신이 일을 하는 동안은 반드시 스스로 묻고 답해야 할 가장 중요한 질문들 중 하나이다. 현재 당신에게 가장 도움이 될 기술이 무엇인지 모른다면 상사에게 묻고 조언을 구하라. 직장 동료에게도 묻고 배우자에게도 물어라. 어떤 과정을 거쳐서라도 당신에게 가장 도움이 될 한 가지 기술은 반드시 결정해야 한다. 그리고 마치 당신의 미래가 거기에 달려 있는 것처럼 그 영역을 개발하기 위해 혼신의 힘을 다해야 한다. 실제로 당신의 미래가 거기에 달려 있기 때문이다.

당신에게 가장 도움이 되는 한 가지 기술이 무엇인지 알아냈다면 그 기술의 습득을 목표로 설정해야 한다. 종이에 적고, 계획을 세우고, 매일매일 그 영역에서 나아지기 위해 노력하라. 핵심 성과영역에서의 발전을 위해 매일같이 집중해서 훈련한다면, 그리고 그것을 한 번에 한 가지씩 계속해서 진행한다면, 이것만으로 당신의 인생 전체를 바꿀 수 있는 강력한 훈련이 될 것이다.

'일의 품질'이 가장 중요하다. 당신이 하는 일에 절대적으로 탁월한

실력을 갖추겠다고 지금 결심하라. 당신의 일을 가능한 한 최고로 해내는 데 몰두하라. 아주 뛰어나게 업무를 수행하는 것을 표준으로 삼고, 앞으로 일을 하는 동안 내내 절대 그것에 대해 '타협하지 마라'.

＼ 지금 실행하라!

당신이 회사를 위해 얻고자 하는 핵심 성과들을 목록으로 만들어라. 목록을 점검하고, 다른 사람들과 의논하라. 그 후에는 당신의 커리어에 가장 긍정적인 영향을 미칠 한 가지 기술을 정하라.

업무수행의 표준치와 핵심 성과영역에서의 측정치를 개발하라. "측정될 수 있는 것은 이루어진다." 당신이 일을 할 때 각 부분에서 일을 얼마나 잘하고 있는지, 측정치로 사용할 수 있는 숫자들을 정하라. 일의 과정을 추적하기 위해 업무수행 정도를 표준치와 정기적으로 비교하라. 끊임없이 개선하고자 노력하라.

18

고객에게 집중하라

> 자기 자신보다 다른 사람에게 봉사하는 것이 더 훌륭하다는 것을 깨달은 뒤에야 정신적으로 진정한 성인이라는 위상에 오를 수 있다.
>
> – 우드로 윌슨[Thomas Woodrow Wilson]

우리는 '고객의 시대'에 접어들었다. 오늘날 비즈니스의 진정한 목적은 '고객을 만들어내고 유지하는 것'이다. 기업이 어느 정도 수준의 성공을 달성하기 위해서는 고객이 모든 경영 활동의 초점이 되어야 한다. 기업의 이익은 '합리적인 비용으로 충분히 많은 수의 고객을 발굴하고 유지한 결과'이다.

모든 직원들의 급여는 고객이 지불하는 것이다. 고객은 회사의 성공과 실패, 그리고 회사의 모든 직원들의 성공과 실패를 결정한다.

월마트 Wal-mart의 설립자 샘 월튼[Samuel Moore Walton]은 이렇게 말했다.

"우리 모두의 상사는 단 한 명, 즉 고객이다. 고객은 그저 다른 곳에서 물건을 구입하겠다고 결정하는 것만으로 언제든 우리를 해고할 수 있다."

회사의 내부와 외부에서 당신의 고객은 누구인가? 당신과 당신 회사의 성공과 실패에 대한 결정권을 가진 핵심 고객은 누구인가?

고객에 대한 정의는 "자신의 니즈needs 충족을 당신에게 의존하는 사람, 혹은 당신의 니즈를 만족시키기 위해서 당신이 의존하고 있는 사람"이다. 이 정의에 의하면 당신의 상사는 당신의 고객이다. 당신의 직장 동료는 당신의 고객이다. 그리고 물론 당신의 상품과 서비스를 구매하는 사람도 당신의 고객이다. 모든 사람들은 무엇인가를 누군가에게 의존한다. 모든 사람이 누군가의 고객이다.

당신의 인생과 커리어에서의 성공은 당신 인생의 고객에게 얼마나 잘 봉사하고, 그들을 만족시키느냐에 따라 전적으로 결정될 것이다. 고객을 충분히 만족시킬수록 만족시켜야 할 고객들이 더 늘어날 것이다.

고객 만족에는 4단계가 있다. 이 4단계 중 당신이 서있는 그 단계가 당신의 고객과 조직에게 당신이 얼마나 가치 있고 중요한지를 대체로 결정한다.

고객 만족의 첫 번째 단계는 단순히 '고객의 기대를 충족시키는 단계'이다. 이것은 기업 생존을 위한 최소한의 요건이다. 만약 당신이 자신의 직무에 해당하는 일만 한다거나 고용된 시간만큼만 일한다면 당신의 현재는 만족스러울 수 있겠지만 미래는 유망하지 않다.

두 번째 단계는 '고객의 기대를 초과하는 단계'이다. 고객이 생각하는 만큼의 기대치를 넘어서는 것이다. 이 단계에 서 있다면 당신은 한동안은 현상유지를 할 수 있을 것이다. 그러나 다른 경쟁자가 당신의 고객에게 동일하거나 더 많은 것을 제시한다면 고객은 그의 유혹에 넘어갈 것이다. 그런 순간은 생각보다 빨리 다가올 것이다.

그 다음은 '고객을 기쁘게 해주는 단계'이다. 당신이 제공하는 것 외에 고객이 전혀 기대하지 못했던, 그리고 매우 고마워할 무언가를 추가하는 것이다. 이것은 고객이 물건을 구입한 후 만족하는지 확인하기 위해, 또는 고객이 혹시나 가질 수도 있는 질문에 답을 해주기 위해 전화를 하는 것처럼 단순한 일일 수도 있다. 회사에서는 자발적으로 추가적인 일을 한다거나 전혀 기대하지 않았던 일을 해서 회사에 도움을 줌으로써 상사를 기쁘게 할 수 있다.

마지막으로 가장 높은 단계의 고객 만족은 '고객을 놀라게 하는 것'이다. 고객의 기대를 훨씬 넘어서는 무언가를 함으로써 당신에게 다시 물건을 구입하고 싶게 만들고, 모든 친구들에게 입소문을 내게 만드는 것이다.

3M사社에서 포스트잇 Post-it을 만든 사람은 상품 개발을 위해 자기 개인 시간에도 일을 하는 전문가들로 팀을 꾸렸다. 마침내 이룬 그들의 성공과, 그들이 만들어낸 10억 달러 규모의 시장은 비즈니스 세계에서는 전설적인 스토리가 되었다.

회사에서 당신에게 의존하는 사람들의 기대를 충족시키고, 기대치를 넘어서고, 기쁘게 하고, 놀라게 할 방법을 매일매일 찾아야 한다. 당신의 실질적인 고객에게 그 누구보다 도움이 되고 만족시킬 수 있는 능력이야 말로 당신에게 높은 연봉과 빠른 승진을 가져다 줄 것이다.

＼ 지금 실행하라!

비즈니스 안팎에서 당신의 가장 중요한 고객들을 확인하라. 상사나 동료, 직원들 또한 모두 당신의 고객임을 기억하라.
그들에 대한 당신의 서비스의 질을 향상시키고, 양을 증가시킬 계획을 세워라. 그래서 그들이 당신이 어떤 일을 하고 목표를 이루고자 할 때 기꺼이 도와주고, 지원해주고 싶은 마음이 들게 만들어라.
회사 밖의 가장 중요한 고객들을 확인하라. 당신이 파는 상품을 구매한 사람들과 당신이 더 좋은 서비스를 제공하기 위해서 협조가 필요한 사람들을 다 확인하라. 이들과의 관계를 더욱 개선하기 위해 무엇을 할 수 있는지 결정하라. 결정한 일에 대해 오늘 당장 실행에 옮겨라.

19

수익을 내는 데 주력하라

산업 사회에서 위대한 것을 성취한 사람은 자기 아이디어가 가진 돈을 만들어내는 힘을 믿는 사람이다.

– 찰스 필모어[Charles Fillmore]

이익지향은 미래로 가는 열쇠다. 성장과 성공, 그리고 **빠른 승진**의 비결은 손익에 집중하는 것이다. 모든 조직에서 높은 위치에 있는 사람들은 자기 회사의 수익성을 높이기 위해서 자기가 무엇을 할 수 있을까를 지속적으로 생각하는 사람들이다. 당신이 하는 일이 '순현금 흐름'에 크게 영향을 미치면 당신은 더 중요한 사람이 되고, 더 많은 연봉을 받게 된다.

회사에서 수익성을 높일 수 있는 방법은 두 가지뿐이다.

첫째는 지금 있는 제품과 서비스를 더 많이 팔거나, 더 많은 소비자들에게 팔릴 새로운 제품과 서비스를 개발해서 수입을 늘리는 것이다.

수익성을 높일 수 있는 두 번째 방법은 현재의 고객에게 제품과 서비스를 제공할 때 드는 비용을 절감하는 것이다. 수익성을 개선하는 가장 훌륭한 전략은 제품과 서비스를 전달하는 비용을 줄이는 동시에 판매와 수입을 증가시키는 방법을 끊임없이 찾는 것이다.

전보다 일을 빨리 처리하고 비용을 낮출 수 있도록 당신의 일을 재정리하고, 재구축하고, 재설계하는 방법을 매일같이 찾아야 한다. 경비는 한 푼이라도 아껴라. 모든 경비를 점검하고, 절감할 수 있는 부분이 없는지 살펴라. 소기의 성과를 얻는 데 드는 시간과 비용을 단순화하고, 축소하고 생략할 수 있는 부분은 없는지 모든 활동을 꼼꼼히 확인하라.

어떤 조직에서든 가장 가치 있고 진가를 인정받는 사람들은 회사의 전반적인 수익성에 가장 관심을 쏟는 사람들이다. 그들은 회사의 모든 경제활동이 자기 개인에게 영향을 미치는 것처럼 생각한다. 그들은 회사의 돈을 자기 자신의 것처럼 다룬다. 그들은 비즈니스의 결과에 대해 전적인 책임을 진다.

당신이 어떤 방식으로든 수익성을 증대시키는 핵심 인물이 되면, 바로 당신의 커리어에 가장 큰 도움이 될 사람들의 주목을 받게 될 것이다. 수익을 증대시키고 비용을 절감해서 수익성을 키우는 당신의 능력은 높은 연봉을 받고 빠른 승진을 할 수 있게 하는 가장 효과적인 방법 중 하나이다.

지금 실행하라!

오늘부터 회사가 당신의 소유인 것처럼, 그리고 단돈 1달러라도 당신의 주머니에서 나오는 것처럼, 혹은 당신의 주머니로 들어가는 것처럼 회사를 대하기 시작하라. 모든 경비가 당신에게 개인적으로 영향을 미치는 것처럼 다뤄라. 오늘 경비를 줄이거나 활동을 단순화할 수 있는 방법을 최소한 한 가지는 찾아라.

판매와 현금 흐름은 '비즈니스의 혈액'이다. 당신의 일을 면밀하게 연구하고, 판매와 현금흐름을 증대시킬 수 있는 방법을 알아내라. 좋은 아이디어 하나가 당신의 커리어를 바꿔놓을 수 있다.

20

긍정적인 개인 역량을 개발하라

> 오늘날, 지식은 힘을 갖는다. 지식은 기회와 승진으로의 접근을 좌우한다.
> – 피터 드러커[Peter Ferdinand Drucker]

'힘'은 조직과 비즈니스 생활에서 매우 현실적이고 중요한 부분이다. 커리어에서 힘을 습득하고 활용하는 능력은 장기적인 성공을 위해서 반드시 필요하다.

단순한 의미의 '힘'은 '사람과 자원에 미치는 영향'을 의미한다. 힘을 갖는다는 것은 사람들이 무엇을 할지, 돈을 어디에 사용할지를 결정하는 능력을 갖는 것을 의미한다. 힘을 가지고 있으면 결정을 내릴 수 있고, 또는 다른 사람이 내린 결정을 변경할 수 있다. 어떤 행동을 취해야 하는지 결정할 수도 있고, 어떤 일의 진행을 중단시킬 수도 있다.

회사에는 두 종류의 힘이 존재한다. 긍정적인 힘과 부정적인 힘이다. 긍정적인 힘은 당신이 조직의 목표를 더 빠르고, 저렴한 비용으로 달성할 수 있도록 도울 때 보여지는 힘이다. 부정적인 힘은 다른 사람이나 조직을 희생시켜서 자신을 높이려고 자신의 지위나 영향을 사용할 때 나타난다.

당신은 세 가지 형태의 긍정적인 힘을 개발할 수 있다.

첫 번째는 '전문성의 힘' 이다. 이 힘은 회사의 중요한 성과를 성취하는 데 당신이 탁월한 능력을 갖게 될 때 발휘된다. 가치에 기여하는 능력으로 조직에 긍정적인 영향을 미치는 당신을 사람들은 우러러보고 존경한다.

긍정적인 힘의 두 번째 형태는 '인격의 힘' 이다. 이런 형태의 힘은 다른 사람들이 당신을 좋아하고 존경할 때, 당신이 인기가 있고 매력적일 때 얻을 수 있다. 인격의 힘은 사람들이 당신을 좋아하고 당신이 성공하기를 바랄 때 드러난다. 모든 조직에는 중요한 직위에 있지 않더라도 엄청난 영향력을 발휘하는, 훌륭한 태도를 갖춘 사람들이 있다. 이런 형태의 힘은 그 어떤 것보다도 긍정적이고 건설적인 태도에 기반을 두고 있다.

세 번째 형태는 '지위의 힘' 이다. 이 힘은 직위에 수반되며, 사람을 고용하고 해고할 수 있는, 그리고 특정한 행위에 대해 상벌을 줄 수 있는 권한을 포함한다. 모든 직위, 혹은 직책에는 이 같은 '힘' 이 따라온다.

당신의 회사나 커리어에서, 당신이 얼마든지 통제할 수 있는 '전문성의 힘'과 '인격의 힘'을 개발시킨다면 '지위의 힘'은 따라오게 되어 있다. 당신이 더 많은 영향력을 가질 때 회사를 위해 더 많은, 그리고 더 좋은 성과를 이룬다는 사실을 증명해 왔기 때문에, 당신의 윗사람이나 주위 사람들은 당신이 승진하기를 바랄 것이다.

당신이 긍정적이고 건설적인 방식으로 힘을 얻고 활용할수록, 더 많은 힘을 당신에게로 끌어당길 것이다. 주위의 더 많은 사람들이 당신을 지지하고 도울 것이다. 윗사람은 더 많은 자원과 더 많은 책임을 당신에게 부여할 것이다. 다른 사람들로부터 더욱 더 존경받고 존중받을 것이다. 그리고 틀림없이 더 높은 급여를 받고 더 빨리 승진하게 될 것이다.

＼ 지금 실행하라!

리더십은 '추종자를 얻는 능력'으로 정의되어 왔다. '간접 노력의 법칙'을 활용하라. 이는 항상 회사의 가장 중요한 목표를 달성하는 데 도움이 되는 방법들을 찾음으로써 조직에서 당신이 갖는 힘과 영향력을 키우는 것이다. 다른 사람들이 그들의 일에서 성공할 수 있도록 돕는 방법을 찾아라. 긍정적인 힘을 개발하라. 당신의 회사와 거기서 일하는 사람들의 이익을 위해 당신의 영향력과 능력을 활용할 때, 사람들은 당신이 성공하고 승진하기를 바란다.

21

일을 빠르게 처리하라

성공하겠다는 결심이 다른 무엇보다도 중요하다는 사실을 항상 명심하라.

– 에이브러햄 링컨 [Abraham Lincoln]

'행동지향'은 높은 성과를 내는 사람의 외견상 가장 쉽게 알아볼 수 있는 자질이다. 그런 사람은 솔선해서 일을 하고, 긴박감을 조성한다. 그들은 쉬지 않고 움직인다. 그들은 항상 회사가 가장 중요한 목표를 이룰 수 있는 방향으로 나아가게 하는 일을 하고, 그것을 신속하게 처리한다.

행동하는 성향을 개발하라. 당신이 하는 모든 일을 빠르게 하는 방식을 개발하라. 해야 할 일을 결정하면 바로 착수하라. 늑장부리거나 미루지 말라.

당신이 빠르게 움직이면 더 많은 일을 할 수 있다. 더 많은 일을 할수록 더 많은 경험을 하게 되고, 더 유능한 사람이 된다. 빠르게 움직일수록 더 많은 에너지를 갖게 된다. 빠르게 움직일수록 더 영리해지고 더 창의적인 사람이 된다. 빠르게 움직일수록 당신은 회사와 주변 사람들에게 더 가치 있는 사람이 된다.

우리 사회의 경우 2%의 사람만이 긴박감을 가지고 있다. 이들이 마침내는 자기 조직에서 최고 위치에 오르는 사람들이다. 당신이 하는 일에서 속도와 신뢰성으로 좋은 평판을 얻으면 더욱 더 중요한 일들을 할 기회를 더 많이 끌어들이게 된다.

물론 일을 빨리 처리한다는 것이 품질을 희생시키는 것을 의미하지는 않는다. 일 처리는 항상 탁월하게 하라. 그러면서 동시에 최대한 빨리 처리하라. 회사의 미래에 중요한 일일수록 더 빨리 시작하고 완성해야 한다. 재빨리 반응하고 신속하게 움직이는 평범한 사람이 결국에는 시간이 날 때만 일을 하는 천재를 훨씬 능가하게 될 것이다.

회사에서 당신의 주요 목표는, 빨리 해결해야 하는 급한 일은 당신에게 맡겨야 한다는 평판을 얻는 것이다. 빠른 일처리와 신뢰성이라는 평판은 당신에게 모든 기회의 문을 열어줄 것이다. 당신이 할 수 있는 다른 어떤 일보다도, 더 높은 연봉과 빠른 승진을 당신에게 가져다 줄 것이다.

지금 실행하라!

매일 하루를 그날 해야 할 일의 목록을 작성하는 것으로 시작하라. 각각의 업무 옆에 A, B, C라고 쓰는 방식으로 우선순위를 정리하라. A 업무는 매우 중요한 것, B 업무는 중간 정도 중요한 것, 그리고 C 업무는 그다지 중요하지 않은 것이다.

그 다음에 A 업무들을 A-1, A-2, A-3…이라고 옆에 적어서 우선순위별로 정리하라. 당신이 할 수 있는 가장 중요한 한 가지 일, 즉 A-1 업무를 하기로 결정했으면 즉각 일에 착수하라.

지금 당장 시작하라. 이렇게 최고 우선순위의 일부터 빠르게 하는 습관을 들이면, 어느 새 중요한 일을 빨리 완수할 수 있는 능력을 가진 사람이 되어 있을 것이다.

*Get Paid
More
and Promoted
Faster*

결론

목표를 향한 빠른 길에 진입하라

　핵심 포인트를 다시 짚으면서 결론을 맺으려 한다. 당신의 커리어와 미래에 대한 책임은 당신에게 있다. 누구도 당신이 하는 만큼 전심을 다해 애쓰지 않는다. 누구도 당신을 위해 중요한 결정을 내려주지 않는다. 책임은 당신에게 있다. 그리고 당신의 무한한 재능과 능력을 활용한다면 당신은 한계 없이 모든 일을 성취할 수 있다.

　지금은 인류 역사상 최고의 시대이다. 오늘날처럼 더 높은 연봉을 받고 더 빨리 승진할 수 있는 기회가 많았던 시대는 일찍이 없었다. 당신의 부모님이나 조부모님의 시대에 평생을 걸쳐 이루어낸 것보다 더 많은 발전을 당신은 몇 년 안에 이룰 수 있다.

　당신이 할 일은 앞으로 남은 커리어를 위해 여기서 말한 '21가지 위대한 아이디어'를 실천함으로써, 이 '황금시대'를 온전히 영위하기 위해 '할 수 있는 모든 것을 다하는 것'이다.

그 전략들을 다시 한 번 살펴보자.

1. 당신이 원하는 것을 명확히 결정하라.
보이지 않는 표적을 맞출 수는 없다. 당신의 이상적인 일을 분명히 규정하고 그것을 얻을 때까지 멈추지 말고 분투하라.

2. 성장하는 회사를 골라라.
미리 조사하고 준비하라. 그리고 당신이 최고의 발전을 이룰 수 있는 회사에 헌신하라.

3. 최고의 상사를 선택하라.
당신이 좋아하고 존경하고, 그를 위해서라면 최선을 다해 일을 할 수 있다고 느끼는 그런 사람을 상사로 골라라.

4. 긍정적인 태도를 개발하라.
모든 상황에서 좋은 면을 찾아라. 누구에게나 함께 일하고 싶고 성공하는 것을 도와주고 싶은 그런 사람이 되는 데 전력을 다하라.

5. 성공 이미지를 만들어내라.
옷을 잘 차려 입고, 꾸미고, 모든 업무 활동을 할 때 성공한 사람처럼 보이는 데 시간을 투자하라.

6. 더 일찍 출근하고, 더 열심히 일하고, 더 늦게까지 남아있어라.
언제나 한층 더 노력하고 당신이 받는 급여에 해당하는 만큼보다 더 일을 하라.

7. 자원하여 일을 맡아라.
당신이 할 수 있는 최대한의 기여를 하기 위해 전력을 다하라.

8. 원하는 것을 요구하라.
자신의 생각을 분명하게 말하고, 더 많은 책임과 더 많은 기회, 그리고 더 많은 급여를 요구하라.

9. 진실성을 신성하게 지켜라.
다른 사람들과의 모든 상호작용에서 정직하고 솔직하고 진실하라.

10. 미래를 생각하라.
몇 주, 몇 달 후에 당신의 회사와 업무가 개선될 수 있는 방법을 끊임없이 찾아라.

11. 목표에 주력하라.
성취하고 싶은 것을 정확하게 결정하고, 매일매일 당신의 주요 목표를 향해 나아가라.

12. 성과에 집중하라.
당신의 일에서 가장 중요한 성과를 얻는 데 정신적 육체적 에너지를 집중하라.

13. 문제 해결자가 되어라.
당신의 회사와 상사가 직면한 문제들을 해결하는 더 좋은, 더 빠른, 비용면에서 더 경제적인 방법들을 끊임없이 찾아라.

14. 타고난 창조성을 끌어내라.
당신의 회사가 그 어느 때보다 더 빠르고 경제적이고 용이하게 성과를 얻는 데 도움이 되는 아이디어를 생각해낼 수 있도록, 머리를 활용하는 훈련을 하라.

15. 매사에 사람을 가장 중요하게 여겨라.
상사와 다른 사람들이 회사에 최고의 기여를 하도록 도울 방법을 찾아라.

16. 자신에게 끊임없이 투자하라.
당신의 지식과 기술 수준을 향상시키기 위해 매일 독서하고, 공부하고, 세미나에 참석하고, 오디오 프로그램을 들어라.

17. 최고가 되어라.
당신의 회사와 고객에게 매우 중요한 일들을 아주 잘하는 사람이 되겠다고 결심하라.

18. 고객에게 집중하라.
모든 결정을 할 때 고객의 니즈와 복지를 중심에 놓아라.

19. 수익을 내는 데 주력하라.
수입과 비용의 모든 출처가 당신의 주머니인 것처럼 다뤄라. 늘 회사의 재

무성과를 향상시키는 방법을 찾아라.

20. 긍정적인 개인 역량을 개발하라.
당신의 조직을 위해 일찍이 유례 없는 최고의 성과를 내는, 전문기술과 인격을 갖춘 사람이 되겠다고 결심하라.

21. 일을 빠르게 처리하라.
다른 누구보다 빠르게 그리고 믿을 만하게 성과를 내는 사람이라는 평판을 얻어라.

오늘날 부富의 일차적 원천은 재능과 능력, 지식과 아이디어이다. 돈과 자원은 일을 빨리 잘해낼 수 있다는 것을 증명하는 사람에게로 흐른다.

여기 제시한 「높은 연봉과 빠른 승진을 위한 21가지 방법들」을 실천하기 시작할 때 당신의 커리어는 고속도로로 진입할 것이다. 당신은 주위의 다른 누구보다 빨리 앞서나갈 것이다. 당신은 위로, 그리고 앞으로 이동해 나갈 것이며, 당신의 삶과 커리어는 완전히 특별한 무언가로 바뀔 것이다.

한계는 없다. 오늘 당장 행동으로 옮겨라!

저자 소개

브라이언 트레이시[Brian Tracy]는 세계 최고의 프로 연설가이자 트레이너 중 한 명이다. 그는 매년 25만 명에 이르는 사람들을 상대로 리더십, 전략경영, 세일즈, 그리고 개인 및 기업의 성공을 주제로 강연을 한다.

브라이언 트레이시는 비즈니스, 심리학, 경영학, 세일즈, 역사, 경제, 정치, 형이상학 그리고 종교를 열심히 공부하는 학생이기도 하다. 그는 매년 전 세계적으로 100회 이상의 강연과 세미나에서 유머, 통찰력, 정보의 독특한 조합과 영감으로 사람들을 매료시키고 있다.

그는 사람들은 누구나 아직 개발되지 않은 특별한 잠재력을 가지고 있다고 믿는다. 사람들은 이 잠재력에 접근하는 법을 배울 수 있고, 그렇게 함으로써 몇 년 내에 보통사람이 평생 동안 이루는 것 보다 더 많은 성취를 이룰 수 있다고 믿는다.

브라이언 트레이시는 캘리포니아 솔라나 비치에 본부를 둔 인적자원개발회사 '브라이언 트레이시 인터내셔널Brian Tracy International'의 회장이다. 그는 16권의 저서를 냈으며, 300종 이상의 오디오와 비디오 교육 프로그램을 만들었다. 그의 이런 자료들은 20여 개 언어로 번역되어 38개국에서 사용되고 있다.

현재 아내인 바바라, 그리고 네 명의 자녀와 함께 캘리포니아 솔라나 비치에서 살고 있는 그는 적극적으로 지역사회 활동을 하면서 여러 비영리조직에 대한 컨설턴트로서 봉사하고 있다.

이 책에서 그는 30년 동안 열심히 일하고 경험하면서 발견한, '커리어 성공을 위해 가장 중요한 원칙들'을 요약해 놓았다.